Im Zeichen der Lilie

Das messianische und sophianische Zeitalter

# Mit Gott lebt sich's leichter

*Das Ewige Wort,*
*der Eine Gott, der Freie Geist,*
*spricht durch Gabriele,*
*so wie durch alle Gottespropheten –*
*Abraham, Hiob, Moses, Elia, Jesaja,*
*Jesus von Nazareth,*
*der Christus Gottes*

# *Mit Gott lebt sich's leichter*

*Gabriele*

9. Auflage Oktober 2023
(1. Auflage 1986)

Max-Braun-Str. 2, 97828 Marktheidenfeld
Deutschland
Tel. 0049 (0)9391/504-135, Fax -133
www.gabriele-verlag.com

Druck: KlarDruck GmbH, Marktheidenfeld
ISBN 978-3-96446-490-3

## *Mit Gott lebt sich's leichter*

Gott ist euer und mein Leben. Gott ist alldurchdringender Geist.

Gott zum Gruß, meine Freunde.

Dieses Buch ist eine Zusammenfassung der wesentlichen Aussagen der drei Broschüren »Der christlich-mystische Weg, der Weg der Verwirklichung und Vereinigung mit unserem Herrn« – »In Harmonie mit dem absoluten Geist, der Quelle allen Lebens« – »Mystische Erfahrungen und Erkenntnisse der Prophetin des Herrn«.

Ich weihe es allen meinen Freunden, allen Willigen und Suchenden. Möge dieses Kleinod, gegeben aus der göttlichen Weisheit, allen willigen Menschen Stärkung und Trost bringen.

Ich habe alles, was hier aufgezeichnet ist, und vieles darüber hinaus selbst erfahren, erlebt und durchlitten. Durch die herrliche Führung unseres Erlösers habe ich zum Ursprung der Quelle gefunden, bin eingetaucht in die göttliche Liebe und Weisheit und hervorgegangen als Kind Gottes, das in Ihm ist, und durch dessen Seele und Mensch Er, der eine Geist, spricht. Seine Gnade und Liebe führte mich. Ich bin in meinem Inneren geworden, was ich war und in Seinen Augen ewig bin: das Absolute Gesetz selbst. Das Gesetz der Liebe und Weisheit gibt als Wesen des Lichts, was es im Erdenkleid erlebt, erfahren, verwirklicht und durchlitten hat. Erfüllt von Seinem Geiste lebe und gebe ich.

*Gabriele, 1986*

# *Inhalt*

# I.

# Auf dem Weg der Selbsterkenntnis und Verwirklichung zum Sinn und Ziel unseres Erdenlebens

## *Die Frage nach Sinn und Ziel unseres Lebens – die Frage nach Gott*

Die Liebe schenkt sich, sie schenkt sich auch in diesen Darlegungen aus der Weisheit des Unendlichen.

Eine Neue Zeit dämmert empor. Wir vernehmen schon das Heranbrausen dessen, was der Herr offenbarte und offenbart: die Zeit des Geistes, die Zeit des Christus, die Neue Zeit, in der Menschen des Geistes leben und die Gesetze der Liebe auch in der Tat erfüllen.

Noch ist die Masse nach außen gekehrt, dem Materiellen hörig und dem intellektuellen Denken versklavt. So mancher glaubt, der Fortschritt müsse weitergehen und die Annehmlichkeiten des Lebens müssten noch vermehrt werden, so dass das Leben im materiellen Bereich noch genussreicher und leichter würde.

Doch viele beginnen zu ahnen, oder es wird ihnen mit Betroffenheit bewusst, wohin alles materielle Denken und Streben geführt hat und uns weiter führen wird. Daher beginnen viele, nach dem wahren Leben zu suchen. Sie suchen nach dem Inhalt ihres Lebens und fragen, warum sie leben und welchen Sinn das Leben hat.

Diese Menschen werden vom ewigen Geist berührt: Er lässt sie erkennen, dass es außer der scheinbaren Verlorenheit und Verzweiflung noch etwas gibt, das heraufdrängt aus dem Inneren, das sie erfasst und ergreift wie Heimweh und wie eine Erinnerung an etwas, das sie einmal besaßen.

Es ist etwas, das nicht außen, nicht in der Welt zu suchen ist, sondern das im Menschen, genauer, in der Seele des Menschen selbst, liegt, oftmals noch gefangen in den Fesseln irdischen Denkens und Strebens, verschüttet vom menschlichen Ich und eitlen Wahn.

Es ist die Frage: Gibt es einen Gott? – und zugleich die Erkenntnis: Es gibt einen Gott, den Gott der unbegrenzten Liebe, der nicht straft und nicht züchtigt, der sich verschenkt, der über allem Menschlichen steht und der das Menschliche als Ursache und Wirkung zulässt, auf dass der Mensch sich selbst erkennt und wieder zum Ursprung zurückfindet durch Verwirklichung und Erfülltsein.

Die Liebe des Vaters ist unser wahres Sein, sie ist unser Leben. Viele erkennen: Ohne Gott ist nichts, was ist, und jeder von uns ist Sein Kind. Viele fragen: Was ist Gott? Viele suchen Ihn noch im Äußeren, doch in manchen dämmert es empor, dass nur der Mensch der Tempel des Geistes sein kann, dass in ihm Gott, die Energie, die Ursubstanz des Lebens ist, dass hinter der Materie, hinter allem sichtbar Lebenden die Kraft, die Urenergie, Gott, wirkt. Viele erfasst das Ahnen, dass der Allmächtige nicht fern von uns ist, dass Er nicht unnahbar in fernen Regionen lebt, sondern in uns die wahre Quelle, das wahre Leben, ist.

Diese innere Quelle sollte täglich, stündlich unser Zufluchtsort sein, die Geburtsstätte, in der Glück, Frieden und Harmonie beschlossen sind, in der die kosmische Liebe – ohne die es kein Erwachen zu höherer Geistigkeit gibt –

beständig an die Pforte pocht und uns zur Umkehr und Einkehr in unser Inneres ermahnt. Das ist die Wahrheit, nach der wir suchen, nach der wir uns bewusst oder unbewusst sehnen. Das ist das Licht, das wir suchen, das allein den Frieden bringen kann.

## *In der heutigen Zeit lehrt der Gottesgeist den Inneren Weg, den unmittelbaren Weg zurück zu unserem Ursprung*

In der heutigen Zeit, der Zeit des Aufbruchs, des Dunkels ebenso wie des Durchbruchs des göttlichen Lichtes, ist der allmächtige Geist bestrebt, auf dieser Erde die Lehrtätigkeit zu verstärken. Der Ewige führt uns auf den Inneren Weg, auf dem Sein Friede, Seine Liebe und Seine Harmonie beschlossen sind.

Gott ruft uns beständig und ermahnt uns, die Gesetze der Liebe zu erfüllen, uns bewusst zu werden, dass hinter allem materiellen Sein die geistige Kraft, die Urenergie, Gott, wirkt.

Wird uns das bewusst, dann leben wir fortan mehr in unserem Inneren, und unser wahres Sein wird von innen nach außen wachsen. Diese Veränderung in uns ist das Werden und Wachsen unseres wahren Selbst, unseres geistigen Bewusstseins. Es möchte sich in dieser Welt offenbaren durch Harmonie und Frieden. Das Ziel ist ein Zusammenschluss aller Völker zu einem Volk in christlicher Verbundenheit und Liebe, in dem Gott, der die Liebe ist.

Viele Menschen glauben, das Sichtbare wäre das Reale. Sie bemühen sich nicht, in die höheren Gefilde des geistigen Lebens zu gelangen und die geistige Evolution anzustreben. Deshalb bedarf es immer wieder der Erweckung des Einzelnen.

Der Weg zum Bewusstsein Gottes ist schmal, und viele Hindernisse müssen bewältigt werden. Jedoch ist die Sehnsucht des Menschen nach der ewigen Quelle des Lebens, nach der Rückkehr zum ewigen Ozean, zu Gott, aus dem alle Wesen und Dinge hervorgegangen sind und zu dem alles zurückkehren wird, in Seinem ewigen Gesetz begründet.

Das Leben und alles, was ist, kann nicht vergehen; es erfährt nur eine Wandlung vom grobstofflichen und sündhaften hin zum feinstofflichen, reinen Leben. Um wieder die Ursubstanz, das Bewusstsein »Gott«, zu erlangen, muss einst jede Seele den Weg nach Innen beschreiten: Er geht über die Selbsterkenntnis und Verwirklichung der ewigen Gesetze.

Die Kennzeichen einer Neuen Zeit werden immer mehr offenbar: Menschen werden geschüttelt und gerüttelt; viele sehnen sich nach der ewigen Wahrheit, nach Frieden und Liebe, und doch stehen sie im Kampf mit sich selbst. Der Kampf steht vor dem Sieg.

Es ist das Ziel unserer Arbeit an uns selbst, über unser kleines, menschliches Ich und über unsere niederen Triebe hinauszuwachsen und uns dadurch den Zugang zum Inneren Licht, dem Inneren Leben, zu schaffen, zum ewigen Bewusstsein »Gott«. Das führt zur Erkenntnis, dass wir sternenhafte Wesen sind, denen sich die mannigfaltigen Lebenskräfte enthüllen, weil wir Kinder der Unendlichkeit sind.

## *Der Innere Weg führt zu einer inneren Überlegenheit über das Schicksal – nicht allein durch Kontemplation, sondern durch Selbsterkenntnis und Arbeit an uns selbst*

Um sich von allen Niedrigkeiten wie Krankheiten, Schicksalsschlägen oder Nöten zu befreien, um das eigene kleine Ich loszulassen, muss man zuerst zum Geist der Wahrheit und des Lichtes erwacht sein.

Man muss lernen, nicht mehr von außen, sondern von innen her zu leben und zu wirken. Bevor wir dies jedoch können, müssen wir zuerst von außen nach innen finden. Dazu müssen wir das Geröll menschlichen Ichs hinwegräumen. Dann gelangen wir zum Ursprung der Quelle, die sich beständig verschenkt. Sie ist die lebendige Sonne, das Leben, das alles hervorbringt, das alles Sein durchdringt und nährt.

Wir müssen selbst zur inneren Sonne werden, um selbsttätig zu leuchten, um unserem

Nächsten das Licht der inneren Sonne bringen zu können.

Haben wir uns zur inneren Sonne vorgearbeitet und beginnen, selbsttätig zu leuchten, sind wir geistiges Bewusstsein, ja göttlich geworden, dann werden wir fortan von innen nach außen leben und wirken. Dann haben wir auch die Herrschaft und Überlegenheit über unseren Körper, über die Nerven, die Gedanken, über Stimmungen und Hemmungen, über unser gesamtes menschliches Wesen gewonnen, ebenso über Umwelt, Einflüsse und Lebensbedingungen und schließlich über unser Schicksal.

Dieser Pfad zum Königreich des Inneren wird uns von Christus gelehrt und gewiesen. Auf ihm haben wir keine Neben- und Seitenwege zu gehen, sondern wir streben unmittelbar der Vollendung zu durch inneres Wachwerden und Wachstum, durch Harmonie und eine zunehmende Lebens-Überlegenheit. Das heißt, wir stehen über den Dingen des Menschlichen, obwohl wir uns mitten darin befinden und unsere Arbeit dort verrichten, wo wir augenblicklich hingestellt sind.

Auf dem Weg zum Königreich in uns erfahren wir, dass ohne Konzentration und Sammlung keine innere Einheit und keine Meisterung unseres menschlichen Ichs möglich ist. Nur durch ein bewusstes Leben in Gott, durch eine disziplinierte, gewissenhafte Erfüllung Seiner Gesetze und durch ein Leben aus dem Inneren erlangen wir die wahre Schicksals-Überlegenheit. Jedoch allein durch die Verwirklichung, durch die Arbeit an uns selbst, und niemals allein durch Versenkung und Betrachtung des schöpferischen Wirkens werden wir selbstlos und sehen die Dinge so, wie sie sind, und nicht, wie sie scheinen. Die Lebensanweisungen des Ewigen sind klar, jedoch ohne Kompromisse. So ist der unmittelbare Weg, den Christus zeigt, der auch in der heutigen Zeit zu gehen ist, ein kompromissloser Weg.

## *Aus Zerrissenheit zu Harmonie und Einheit – aus Unwissenheit zur Erleuchtung*

Viele Menschen sind zersplittert, zerspalten in Ober-, Über- und Unterbewusstsein. Bis der Mensch sich entschieden hat, was er möchte, Welt oder Geist, liegt das Höhere mit dem Niedrigen in beständigem Streit. Die Entscheidung wird von jedem Einzelnen gefordert: entweder Welt oder Geist. Jeder von uns muss sich einst entscheiden und wird vom Kausalgesetz* früher oder später gedrängt, sich selbst zu erkennen.

Wir müssen aus der Zerrissenheit heraus, denn hier liegen die Ursachen unserer Leiden. Wir müssen wieder geistig werden und uns in die Einheit mit dem Leben begeben; dadurch erlangen wir die Kräfte, um weiter zu wachsen

---

* Kausalgesetz, das Gesetz von Ursache und Wirkung, besagt: Jeder muss die Wirkungen der von ihm gesetzten Ursachen, das heißt, die Folgen seiner Gedanken, Worte und Handlungen, selbst tragen.

und zu reifen, bis wir in uns die Vollendung erlangt haben. Dann hat sich auch der Himmel in uns aufgetan, und wir sind im Himmel, gleich, wo wir stehen, wo wir gehen, ob wir noch Menschen sind oder schon Wesen anderer Welten.

Wir Menschen bergen in uns unermessliche Schätze und Kräfte, die wir durch ein bewusstes, zielstrebiges Leben heben und nutzbar machen können. Die Kräfte zur Höherentwicklung müssen wir in uns selbst entdecken, unser menschliches Leben müssen wir meistern, um zum schöpferischen Quell des Lebens, zur Harmonie, zur unendlichen Kraft, zu finden. In der geistigen Schule des Christus Gottes lernen wir die Konzentration zur Beherrschung, Schulung und Meisterung der Gedankenkräfte.

Wir müssen vom Unwissenden zum Wissenden und vom Wissenden zum Erleuchteten werden. Das bedeutet Verwirklichung der Gesetze, um dann vom Geiste Gottes erfüllt und gefüllt zu sein. Wir müssen also unser Gefäß von allem Unreinen leeren, auf dass Gott es füllen kann und wir daraufhin erfüllt sind von Seinem Geiste.

## *Leben wir als Knechte unserer Gedanken oder aus der inneren Freiheit?*

Durch den Unwissenden, der nicht in der Selbstkontrolle steht, strömt unaufhörlich die Flut der Gedanken, Tag für Tag, Jahr für Jahr. Sie sind die Verursacher aller Auswirkungen wie Krankheit, Not, Schicksal und Leid. Die Kräfte unserer Gedanken sind mächtiger, als wir es je erfassen können: Was wir denken, wird früher oder später Wirklichkeit.

Gedanken sind Samen gleich, die Wurzel fassen, emporwachsen und Früchte ganz nach ihrer Art tragen. Wollen wir glücklich und gesund werden, Harmonie, Liebe und Frieden ernten, dann müssen wir zuvor die Saat rechten Denkens in den Acker unseres Lebens säen, in unsere Seele.

Wir müssen uns darüber klar werden, dass jeder Gedanke, sowohl der positive wie auch der negative, nach seiner Verwirklichung strebt. Je häufiger ein Gedanke gedacht wird, desto stärker wird seine Kraft.

Die meisten unserer Mitmenschen sind weder mit ihrem Körper noch mit ihren Gedanken eins. Solange wir nicht auf Selbstbemeisterung unseres menschlichen Ichs achten, sind wir die Knechte unserer Gedanken, die uns übermannen und Wirkungen heraufbeschwören, die der Einzelne nicht in vollem Umfang zu erfassen vermag. Wir sind dadurch an unsere Vorstellungen und Wünsche, an unsere Gedankenwelt gebunden und leben nach unserem eigenen Sinn in der Gottfernheit. Wer sich von seinen Gedanken und Wünschen knechten lässt, ist ein Dilettant, der nicht richtig zu denken und zu leben vermag. Er geht am Leben vorbei und glaubt zu leben, weil die Erfüllung seiner Wünsche für ihn das Leben bedeutet.

Wollen wir mit Gott leben, wollen wir zum Ursprung der Quelle gelangen, dann müssen wir immer selbstloser, göttlicher denken, Frieden haben und Frieden denken, Freude haben und Freude geben, Liebe haben und Liebe geben.

Ist so das Prinzip des Empfangens und Gebens ausgewogen, dann leben wir in Gott. Und

Gott nimmt unsere Bitten an und gibt uns drei-, viermal soviel von dem, wofür wir baten, sofern es gut für unsere geistige Entwicklung ist.

Mit Gott lebt es sich leichter. Gott ist Freiheit, und wer zur Freiheit gefunden hat, zum inneren Glück, zur inneren Liebe und zur inneren Freude, lebt fortan in Gott und Gott durch ihn, er lebt also mit Gott. Wir müssen frei und losgelöst sein von allen Zwängen, Wünschen und Vorstellungen, um wieder göttlich zu werden, mit Gott leben zu können.

## *Richtiges Denken ist bewusstes, positives Denken*

Was sind gegensätzliche Gedanken? Gegensätzliche Gedanken sind vergrübelte, ziellose Gedanken, die zu innerem Zwiespalt, zu Nervosität, Zerrissenheit, Kraftlosigkeit, zu Ängsten und Sorgen führen. Durch mangelnde Selbstbeherrschung gelangen wir in den Bann der Willensschwäche. Daraus ergeben sich Disharmonie, Unruhe, Furchtsamkeit, wachsende Unzufriedenheit, Schlaflosigkeit, Zerfahrenheit und schließlich Abhängigkeit von Dingen und Medikamenten, von Menschen, Anschauungen und Dogmen.

Richtiges Denken ist bewusstes Denken. Was heißt bewusstes Denken? Wir müssen uns bewusst werden, dass uns eine gewaltige Kraft liebt, die vorwärts strebt, nach Erfüllung und Verwirklichung drängt.

Bewusstes Denken heißt: Ich lebe in der Gegenwart; ich bin nicht mehr nachtragend und habe auch keine Sorgen um die Zukunft. Ich habe mein Leben geordnet, bin zielstrebig, plane, doch sorge ich mich nicht, ob mein Plan gelingt; ich werde mich einsetzen, um durch die Kräfte der Liebe alles einzuleiten, was notwendig ist. Dann werden diese Kräfte für mich arbeiten und bewirken, was gut und förderlich ist.

Das ist bewusstes Denken, das ist zielstrebiges Leben in der Gegenwart. Durch zielstrebiges, bewusstes, positives Denken vermehren wir die Energien unserer Seele und auch unseres Körpers, wodurch wir wesentlich mehr leisten, wacher und bewusster leben.

Bewusstes Denken ist also Zieldenken: Was wir tun, das tun wir ganz. Bewusstes Denken heißt: Fühlen und Wollen sind unermessliche Kräfte, wenn wir sie in den Dienst des Geistes stellen. Bewusstes Denken heißt: An die Stelle negativer Gedanken der Verzweiflung, Müdigkeit, Krankheit, Verärgerung oder Sorge bejahende, aufbauende Gedanken der Hoffnung, des Mutes, der Frische, der Lebensmeisterung zu setzen.

Wir müssen erkennen, dass Gott Liebe ist. Senden wir Gedanken der Liebe, so werden wir auch Kräfte der Liebe empfangen. Dadurch erlangen wir inneres Wachstum; Freude und Frieden ziehen in uns ein. Denken wir nur, was lieb und gut ist, fühlen wir nur, was Liebe ist, sprechen wir nur, was positiv ist, dann erwacht, was gut und förderlich ist – denn das, was wir an Schwingungen aussenden, kommt wieder auf uns zurück.

Die Kraft der Liebe ist eine gewaltige Kraft, die in jedem von uns schlummert und aktiv wird, sobald wir uns ihr gedanklich zuwenden.

## *Aktivierung der positiven Kräfte durch Gedankenkontrolle und Konzentration*

Um die inneren Kräfte verstärkt in Bewegung zu bringen, müssen wir zuerst uns selbst bewegen, indem wir uns aufmachen, Gedankenkontrolle zu üben und uns konzentrieren zu lernen. Konzentration ist die Folge der Gedankenkontrolle.

Wir bejahen die positiven Gedanken, die selbstlosen Kräfte in uns, wir bejahen, was wir erreichen wollen. Dies muss allerdings im Willen des Herrn liegen; nicht unser Wollen, sondern Gottes Wille ist entscheidend.

Wir bejahen das Positive, Gottgewollte aber nicht in Form bloßen Wiederholens bestimmter Bejahungen, sondern weit darüber hinaus. Es ist ein immer wieder Kommenlassen der positiven Kräfte, die wir – wie schon gesagt – ganz in den Willen des Herrn legen, denn nicht unser Wille, sondern Gottes Wille ist maßgebend.

Wir werden also wie eine Linse, welche die Sonnenstrahlen bündelt und auf eine kleine Fläche konzentriert. Auch unsere positiven Gedanken bündeln wir und richten sie dem Willen des Herrn entsprechend aus. Durch die Ausrichtung auf den Willen Gottes, der von Seiner Liebe und Weisheit getragen wird, erlangen wir Ruhe und Frieden und das Bewusstsein, dass die positiven Kräfte alles ordnen, was gut für uns ist.

Friede und Stille in unserem Inneren sind ein kostbares Gut. Wir müssen zu dem inneren Frieden finden, um unseren Beitrag für das wahre Menschentum zu leisten, denn wir sind nicht in der Welt, um *mit* der Welt zu sein. Wir sind in der Welt, um uns zu verändern und dann an der Welt mitzugestalten, damit das neue Menschentum erwacht, das aus dem Geiste Gottes empordämmern möchte.

Frieden und Stille sind die Voraussetzung, um mit Gott zu leben. Daraus ergibt sich die beglückende Kraftquelle, die den Menschen beschwingt, harmonisiert, stabilisiert und von äußeren Einflüssen unabhängig macht. Aus ihr heraus gelingen auch Gedankenkontrolle und Konzentration mühelos. Das äußere Verhalten zeigt sich dann als Folge des ausstrahlenden, inneren Potentials.

## *Entspannung führt zu Konzentration und Stille*

Wir müssen an uns arbeiten und uns durch Disziplin eine geistige Verhaltensweise aneignen. Wir müssen geistig wachsen, um die Kräfte zu erwecken und zu entfalten. Wir hörten und hören immer wieder: Gedanken sind Kräfte.

Jeder einzelne Gedanke wirkt auf unsere Nerven und Muskeln ein. Unsere rastlos hin- und herjagenden Gedanken halten unsere Nerven und auch unsere Muskeln beständig in so straffer Spannung, beherrschen sie geradezu, so dass wir nicht imstande sind, der Kraft, der Weisheit und der Liebe des Alls teilhaftig zu werden. Deshalb heißt es: Entspanne dich des Öfteren, damit du Konzentration und Stille erlernst. Das Lockern unserer Muskeln und die Entspannung unserer Nerven sollte, wenn möglich, öfter vorgenommen werden. Hören Sie dazu eine ruhig schwingende Musik oder entspannen Sie Ihren

Körper mit leichten Körperübungen oder einer urchristlichen Meditation.

Damit wir Gott näherkommen und mit Gott leben können, bedarf es der tiefen Entspannung und Ruhe, die sich nicht nur auf die Oberfläche unseres Bewusstseins erstreckt, sondern tiefer wirkt, dort, wo auch zugleich das Unterbewusstsein ausgerichtet und entspannt wird.

## *Überwachung der fünf Sinne und Lockerungsübungen bringen harmonischen Körperrhythmus*

Auch unsere fünf Sinne müssen harmonisiert, das heißt verfeinert werden. Wenn wir sie überwachen, gelangen auch unser irdischer Geist und unser Körper in einen ausgewogenen Rhythmus, und dann verläuft unser Empfinden, Denken und Sprechen immer mehr in gesetzmäßigen Bahnen.

Beobachten Sie sich einmal selbst, was sich in Ihrem Körper vollzieht:

Wenn Ihre Augen hastig von einem Blickpunkt zum anderen wandern, werden Sie sehr bald einen sich verändernden Körperrhythmus feststellen. Allein schon durch schnelle und hastige Bewegungen der Augen, die disharmonisch und unkontrolliert einen Punkt nach dem anderen fixieren, ziehen in den Organismus Unruhe und auch Unzufriedenheit ein. Oder beobachten Sie, wie sich die Schwingungszahl

Ihres Körpers verändert, wenn Sie zum Beispiel schnell schreiben oder eine andere Tätigkeit eilig durchführen, oder wenn Sie die Neugierde übermannt und Sie von Ihrem Gehörsinn gedrängt werden, der alles wahrnehmen und registrieren möchte, was die Umwelt bietet. Auch daran können wir erkennen, wie fein das Nervensystem reagiert, wie es die von uns ausgehenden Schwingungen aufnimmt und wieder dem Organismus zuleitet.

Ebenso führt Sie schnelles und hastiges Schreiten, wobei der Oberkörper nach vorne gebeugt ist, in die Welt der Sinnestäuschung. Heftiges Gestikulieren und schnelles Sprechen lenken Sie gleichermaßen nach außen in die Welt des Stresses. Schnelles Kauen, Hinunterschlucken der Speisen und Hinabfließenlassen der Getränke stören ebenfalls den Körperrhythmus. Oder beobachten Sie Ihren Körperrhythmus: Wenn Sie zum Beispiel eine Schnake sticht und Sie heftig kratzen oder reiben, werden Sie bemerken, wie sofort Ihr gesamter Körper reagiert, das heißt, wie die Nerven in Aufruhr geraten und der gesamte Organismus entsprechend antwortet.

Diese, von uns Menschen häufig unerkannten Symptome tragen erheblich zur Heruntertransformierung der Schwingung unseres Körpers bei, der zufolge wir aus dem atmosphärischen Weltenmeer negative und unedle Schwingungen aufnehmen, die sich in uns zu negativen Empfindungen und Gedanken formen. Diese lassen uns nicht mehr los, quälen uns unablässig und bauen so an dem Gebäude eines weiteren Schicksals.

Wollen wir die ersehnte Gedankenstille erlangen, dann müssen wir uns auch eine bestimmte rhythmische, das heißt harmonische Körperhaltung angewöhnen. Ich rate Ihnen, jeden Morgen leichte Körperübungen durchzuführen. Sie werden dabei selbst feststellen, wie schnell unsere fünf Sinne reagieren und sich einstimmen lassen.

## *Konzentration bei der Arbeit spart Zeit und Kraft, bringt innere Sicherheit und Erfolg*

Unser tägliches Verhalten wirkt nicht nur auf unsere Seele und auf unseren physischen Leib ein, sondern es prägt auch unser Unterbewusstsein. Haben wir eine Arbeit beendet, dann sollten wir uns ebenfalls durch leichte Lockerungsübungen entspannen. Das trägt erheblich dazu bei, dass wir uns für einige Minuten von unseren Gedanken an die schon wieder vor uns liegende Arbeit lösen können. Auch wenn wir nur wenige Augenblicke ganz abschalten können, schenken sie doch eine echte und tiefe Entspannung. Nach einer solchen Entspannung können wir uns wieder auf die nächste Arbeit konzentrieren und in Kürze das erledigen, was der Unkonzentrierte in Stunden und Tagen schafft.

Wenn wir uns also konzentrieren, sollten wir unsere Aufmerksamkeit auf nur eine Sache richten. Richten wir jedoch die Hälfte unserer

Aufmerksamkeit auf anderes und sind nicht ganz bei der Sache, dann wird unsere Tätigkeit zu einer mühseligen Plagerei, und außerdem wird sie unvollkommen erledigt, weil nur die Hälfte unserer Kräfte daran beteiligt ist. Das ist Zerstreutsein und nicht Konzentration.

Wir müssen uns bewusst werden, dass unsere Kräfte dorthin ziehen, wohin wir unsere Aufmerksamkeit wenden. Geteilte Aufmerksamkeit ist geteilte Kraft: Ein Teil unserer Kraft fließt dahin, der andere Teil dorthin. Wir können nicht beides ganz erfassen, weil wir gedanklich an zwei Arbeitsgänge unsere Kraft verteilen. Dadurch rufen wir einen Zwiespalt in Seele und Leib hervor. Der erzeugt sodann Widerwärtigkeiten in unserem Leben, weil wir mit dem, was wir augenblicklich tun, unzufrieden sind. Es gelingt uns nicht so, wie wir es wünschen, weil wir nur einen Teil unserer Kraft einsetzen und den anderen anderswohin fließen lassen. Wir sollten uns Folgendes merken: Was auch immer unsere Hände tun, wir sollten mit allen Kräften bei dieser Arbeit sein, bei dem, was die Hände tun. Das ist Konzentration.

Was immer wir auch denken, wir sollten es mit allen Kräften denken. Das ist Konzentration. Denken wir nicht gewöhnlich: »Ach, das soll ich nun tun? Es macht mir keine Freude, warum muss ich es nur ausführen?« Durch solche Gedanken entsteht ein innerer Zwiespalt, der zu Müdigkeit und Lähmung der inneren Kräfte führt und zur Schwächung unseres Bewusstseins. Bejahen wir jedoch, was wir zu tun haben und konzentrieren uns, indem wir gewillt sind, die Arbeit auszuführen mit allen Kräften, die uns zur Verfügung stehen, und richten wir uns damit auf unsere Arbeit, auf unser Werk, aus, dann ist uns auch der Erfolg sicher. Der gefasste Entschluss wird unsere Aufmerksamkeit und unsere Kräfte bündeln und auf unsere momentane Tätigkeit lenken. Das ist Konzentration.

Wer sich konzentrieren kann, der gewinnt innere Sicherheit. Die innere Sicherheit wirkt sich auch auf das Äußere aus, auf den Menschen und auf seine Mitmenschen. Wer die innere Sicherheit erlangt hat, wird souverän, er steht über dem Alltag. Wer über dem Alltag steht, dem dienen die Kräfte des Alls.

Stehen wir also durch bewusste Konzentration über unserer Tätigkeit, dann wird das, was wir augenblicklich tun, uns entgegenkommen, denn die Arbeit, die wir vor uns haben, ist ebenfalls ein Energiefeld. Bestrahlen wir das Energiefeld durch Konzentration, bündeln wir also unsere Gedanken und richten sie wie eine Linse, durch die die Sonnenstrahlen scheinen, auf die Tätigkeit, dann splitten wir den Arbeitsvorgang auf. Die verstärkt in Bewegung kommenden Energien zeigen uns, wo wir anpacken müssen, damit die Arbeit schneller ausgeführt werden kann. Im übertragenen Sinne heißt dies: Wenn wir freudig und souverän über dem Alltag stehen, an unsere Tätigkeit herangehen, dann ist die Arbeit, die wir ausführen, unser Diener. Sie zeigt uns, wo wir anpacken müssen, damit sie schneller erledigt wird.

Denn alles ist Energie. So ist auch die Tätigkeit, die wir jeweils ausführen, ein Energiekomplex. Spalten wir ihn durch Konzentration auf, dann sehen wir, wo wir anpacken müssen und was zu tun ist, damit uns der Erfolg sicher ist. Durch äußerste Konzentration erlangen wir auch Selbstvertrauen, da in uns neue und gewaltige Kräfte erwachen. Unser Gedächtnis nimmt an Stärke zu, und unser Bewusstsein erweitert sich, weil die frühere Zerstreutheit und Gedankenlosigkeit, die unsere Gedächtnisschwäche verursachte, verschwunden sind.

Sie werden sagen: Mir gelingt es nicht, mich zu konzentrieren. Konzentration ist auch eine Übung.

## *Richtiges, wirksames Beten durch Konzentration auf die allmächtige Kraft in uns*

Wir müssen uns bewusst werden, dass in uns das ewige Licht brennt. Gott, der ewige Geist, steht uns entscheidend bei, wenn wir uns sammeln und nach innen wenden, wenn wir uns willig dieser inneren Kraft zuwenden und uns mit ihr verbinden. Sie vermag alles in uns und durch uns.

Dazu gehört das rechte Beten, das Beten ohne Unterlass. Beten ohne Unterlass bedeutet: Alles aus dem ewigen Gesetz heraus zu tun. Es bedeutet nichts anderes, als uns auf einen Punkt zu konzentrieren: auf Gott, die allmächtige Kraft; dann werden wir auch empfangen.

Die Voraussetzung ist die Liebe zu den Menschen. Eine kleine Liebe zu den Menschen ist auch eine kleine Liebe zu Gott. Ein Gebet ist nur wirksam, wenn wir an Gott glauben, Ihn lieben und unseren Nächsten lieben wie uns selbst.

Richtig, inbrünstig beten können wir auch nur durch Konzentration, indem wir unsere ganze Aufmerksamkeit nach innen, zu dem zentralen Licht lenken, das die Energie der Unendlichkeit ist und in uns die Energie für Seele und Leib. So manche Gebetserhörung zeugt von der Wirkung, die vom Sammeln der inneren Kräfte, also von der Konzentration, ausgeht.

Der feste Glaube an eine höhere Macht, an das ewige Licht in uns, und die Verwirklichung der Gesetze führen zu der starken Konzentration, welche die Gnadenwirkung auslöst.

Ein gedankenloses Hinplappern von Unverstandenem und Unerlebtem ist kein Gebet. Innere Sammlung ist eine Voraussetzung des Herzensgebetes, in dem wir in unserem Inneren beten und dadurch mit der allmächtigen Kraft in Verbindung treten. Sie wartet nur darauf, bis wir zu ihr kommen und uns von ihr inspirieren und führen lassen.

Beten soll immer der Ausdruck einer lebendigen Liebe sein zu der Kraft, die unerschöpflich ist und die in uns wirksam wird, sobald wir uns zu ihr bekennen durch Bejahung und Verwirklichung. Dann wird sie in unserer Seele und auch in unserem Leibe Realität und wirkt. Sie arbeitet für den, der mit Gott lebt. Die Konzentration auf das Göttliche, indem wir göttlich denken und leben, bewirkt das Fließen dieser heiligen Kräfte in uns und durch uns. Wir sind in Gott, und Gott lebt durch uns.

Das bedeutet: Mit Gott lebt es sich leichter, denn Gott ist für uns da. Er möchte durch uns wirksam werden. Was Gott in die Hand nimmt, das gelingt. Reichen wir Ihm unsere Hände, und bitten wir Ihn, Er möge durch uns denken und wirken, dann leben wir in Ihm, und Gott lebt durch uns – und mit Gott lebt es sich leichter.

## *Gott ist Stille – Er redet, wenn wir schweigen – Ausrichtung und Gebet am Morgen*

Die beste Zeit, mit Gott in Verbindung zu treten, ist der Morgen. Es ist eine Verinnerlichung im tiefen Gebet. Am Morgen sind unsere Seele und unser Körper für die Geistkräfte besonders durchlässig, weil wir noch nicht im Alltagsrhythmus sind, unser Körper noch ruhig ist und unsere Sinne sich noch nicht auf die Welt ausgerichtet haben.

Der geistige Mensch weiß: Wer sich gleich nach dem Erwachen in die Allmacht des Göttlichen versenkt, der empfängt vermehrt Kräfte und kann den ganzen Tag hindurch beschwingt und ausgewogen sein.

Sagen Sie bitte nicht, das morgendliche Gebet, das Hineinwandern zum Ewigen, das Sich-Versenken und die Meditation seien Zeitverlust. Was wir am Morgen an Zeit dafür aufwenden, bringt uns letzten Endes einen Zeitgewinn: Wir können bewusster und besser arbeiten und darüber hinaus noch Kraft sparen.

Eine richtige Ausrichtung auf das innere Leben bewirkt Sicherheit und Entspannung und bringt eine tiefe Konzentration und inneren Frieden.

Kommt unser Körper im Laufe des Tages auf Hochtouren, fallen wir aus der inneren Ruhe, werden wir hektisch und unkontrolliert. Wir wissen, wenn eine Maschine unruhig läuft, sollte sie abgestellt werden. So sollten wir auch unseren unruhigen Menschen abstellen, indem wir uns kurze Zeit entspannen und uns erst dann wieder konzentrieren. Damit beherrschen wir wieder unseren Körper und unsere Gedanken.

Wir benötigen die innere Stille, damit Gott durch uns wirken kann, denn Gott ist Stille. Wollen wir göttliche Inspiration, wollen wir also, dass Gott, die Energie der Unendlichkeit, durch uns wirkt, dann müssen wir uns in den Strom göttlicher Liebe und Weisheit begeben, um empfangen zu können.

Wir müssen also das Gebot der »Tempelordnung« befolgen:

Werde stille und trete vor das Allerheiligste, das in dir selbst ist. Bete, richte dich auf Gott aus, konzentriere dich. Lebe mit Gott in dir, und Er wird durch dich leben.

Wer erkannt hat, dass der Mensch der Tempel des Heiligen Geistes ist, der wird fortan mit Gott leben und erfahren: Mit Gott lebt es sich leichter. Darum sind Stilleübungen die Basis für unseren geistigen Fortschritt.

Alles, was wir tun, was wir denken und fühlen oder was wir reden, soll von dem Sehnen durchdrungen sein, mit der Quelle des Lebens in Harmonie zu gelangen.

Üben Sie, gehen Sie in die Stille. Sie werden erleben, dass Kräfte über Kräfte kommen, denn in uns ist der unaufhörlich sprudelnde Quell lebendigen Lebens.

Der Schlüssel zu dem inneren Quell ist allein die tiefe Stille.

Stille ist Schweigen in Empfindungen, Gedanken und Worten. Stille bringt die Harmonisierung des gesamten Organismus mit sich. Stille heißt: Ich lasse in mir keine negativen Gefühle und Regungen aufkommen und mein Inneres nicht von Gedankenwellen durchziehen. Stille werden heißt auch, weniger reden und im täglichen Leben das Gebot des Schweigens beachten. Sprechen Sie nur Wesentliches aus. Überlegen Sie vorher, was Sie reden wollen; dann sparen Sie Energie und schöpfen aus der Quelle nie versiegenden Lebens.

Der Weise redet oder belehrt seine Mitmenschen erst, wenn er auf dem Pfad zum Leben selbst Erfahrungen gesammelt hat.

Worte verschwenden bedeutet Schwächung. Für jedes unwesentliche, ja nichtige Wort müssen wir vor dem ewigen Gesetz Rechenschaft ablegen. Dämmen Sie Ihre Redelust auf die Hälfte ein: Sie werden umso größere suggestive Kraft erlangen. Im tiefen Schweigen beginnt Gott, in uns zu reden und durch uns zu wirken. Solange wir reden, schweigt Gott. Wenn wir aber schweigen, das heißt auch, wenn wir unser

Leben selbstlos gestalten, dann redet und handelt Gott durch uns. Im Schweigen, das heißt, wenn wir auch das Gegensätzliche überwunden haben, stirbt in uns das Erdenverlangen. Im Schweigen finden wir schließlich zu uns selbst. Wer zu seinem wahren Selbst findet, der erlebt in sich die ewige Wahrheit. Er hat Gott in sich gefunden.

Haben wir unser wahres Selbst erkannt, das unerschütterlich und unzerstörbar ist, dann erleben wir die Tiefe der Gottheit, dann wissen wir uns im Schoße des Allmächtigen geborgen.

## *Der Weg der Selbsterkenntnis und Verwirklichung führt zu dem Leben mit Gott*

Ich darf wiederholen, was für unseren geistigen Fortschritt sehr wesentlich ist.

Ob wir arbeiten, reden, lesen, einerlei, was wir tun: Was auch immer wir im Augenblick tun, dem sollen wir uns voll und ganz hingeben. Diese bewusste Zielsetzung ist der erste Anstoß auf dem Weg zur Vollendung und bringt dem Menschen stählerne Spannkraft, Elastizität, Harmonie und die Strahlkraft inneren Friedens.

Auf dem Weg nach innen lernen wir, dass das Ziel wichtig ist. Wir lernen, dass das Leben zu kurz ist und der Augenblick zu kostbar, als dass wir uns leisten könnten, unsere Kraft mit negativen Gedanken zu vergeuden. Es liegt bei jedem selbst, was er aus seinem Leben macht: ein intellektuelles Waisenhaus, worin er im Laufe der Zeit verweist und stagniert oder eine fortschreitende Offenbarung göttlicher Fülle.

Gott ist ewig Gegenwart. Gott ist jetzt. Wer von der Ewigkeit berührt wurde, den berührt die Vergangenheit nicht mehr, außer dort, wo sie uns Wertvolles zu lehren hat. Es gilt, auch die Zukunft dem Ewigen jetzt zu übergeben, in dem Wissen, dass Gott in uns und durch uns alle Geschicke und Dinge lenkt.

Wenn wir die Schatten auf unserem Wege nicht mehr beachten – es sei denn, sie haben uns etwas zu sagen –, sondern die Sonne in uns sehen und das Gute, das Göttliche, bejahen, dann wird es in uns immer heller und wärmer. Diese von uns ausgehende Kraft überträgt sich sodann auf unsere Mitmenschen.

Das Werden und Wachsen unseres inneren Seins geschieht nicht von heute auf morgen: Es ist ein langsamer Lernprozess und führt durch die stetige Ausrichtung auf das Göttliche, oft fast unmerklich, zu einer Umgestaltung und Neuorientierung des Menschen.

Das Erdenleben ist jedem von uns gegeben, damit wir uns darin höherentwickeln. Jedem von uns werden dazu auch reichlich Möglichkeiten geboten. Viele vermögen sie nicht als solche zu erkennen und anzunehmen. Daher wird für manchen der geistige Gewinn gering sein, wenn er diese Welt verlässt.

Wer sich jedoch der geistigen Schulung ernsthaft und gewissenhaft unterzieht, indem er, Tag für Tag mehr, die Gesetze verwirklicht, um vollkommener zu werden, der kann schneller wachsen. Er hat oftmals nach Jahren schon eine Entwicklung durchlaufen, zu welcher der weltbezogene, in unkontrollierten Bahnen wandelnde Mensch Jahrzehnte oder mehrere Erdenleben benötigt.

Wer am inneren, wahrhaftigen Leben teilhaben möchte, wer mit Gott leben möchte, muss von allen irdischen Wünschen und Vorstellungen leer werden und es dahin bringen, dass er auf das Viele zugunsten des Einen verzichtet. In dem Maße, wie wir uns auf dem Weg nach innen von uns selbst und von allen geschaffenen irdischen Dingen abkehren, in dem gleichen Maße werden wir von innen heraus geeint und beseelt.

Wir müssen uns selbst kennenlernen, wer wir tatsächlich sind und weshalb wir auf der Materie leben. Wenn wir uns jedoch selbst nicht kennen, dann kennen wir unsere Heimat nicht und werden sie auch nicht erleben, denn der Himmel öffnet sich nur durch den Schlüssel: Christus in uns, Christus mit und durch uns.

Wer in Gott lebt und Gott in ihm, der ist daheim, verschmolzen mit der Ewigkeit. Er lebt fortan mit Gott.

Wenn wir an die Worte glauben: »Das Reich Gottes ist inwendig in euch«, so erlangen wir die Gewissheit, dass nicht äußere Dinge selig machen, sondern allein die Hinwendung an Gott, an die ewige Kraft, mit der es sich leben lässt.

# II.

# Wie kommen wir in Harmonie mit dem absoluten Geist, der Quelle allen Lebens?

## *Jeder von uns wird einst den Weg zu Gott zurück gehen*

Wer in Harmonie lebt, der lebt mit Gott. »Mit Gott, dem allmächtigen Geist, lebt sich's leichter.«

Wer in Gott lebt, der hat die innere Fülle erschlossen und schöpft fortan aus dem Inneren Leben. Er ist nicht mehr an äußere Dinge, an Vorstellungen und Meinungen gebunden, er ist frei. Er legt keinen Wert darauf, was Menschen von ihm halten, über ihn sprechen, von ihm denken. Er lebt in Gott und erfüllt die Gesetze. Somit ist er erfüllt von der Allmacht des Lebendigen.

Solange wir noch von den Meinungen und Vorstellungen unserer Mitmenschen abhängig sind, solange wir noch großen Wert darauf legen, ob wir von unserem Nächsten geachtet und angesehen werden, ob auf uns wohlwollend und zustimmend geblickt wird, sind wir nur bestrebt, unser kleines, einengendes menschliches Ich auf den Thron dieser Welt zu setzen. Haben wir jedoch mit all diesem äußer lichen Bestreben gebrochen, haben wir es überwunden und leben fortan von innen heraus, mit Gott, der allmächtigen Kraft. Dann leben wir in der Fülle.

Es leben noch nicht viele Menschen in der Fülle göttlichen Lebens, sondern sie leben in ihrer eigenen Begrenzung und Blindheit und haben vergessen, was sie einst besaßen. Das universelle Kind hat sich weit entfernt von seinem Ursprung, von der ewigen Heimat.

Doch einerlei, wie viele Erdenleben der Mensch im Schatten des Diesseits dahinvegetiert: In ihm ist das ewig lebende Sein, das ihn beständig ruft. Für jeden kommt eines Tages die Stunde, da er den Ruf vernimmt und die Erkenntnis erlangt, dass er selbst dazu beitragen muss, damit er wieder zum göttlichen Ursprung gelangt.

Propheten, Mystiker, Seher, Erleuchtete und Weise aller Zeiten gingen den Weg hinan zum Göttlichen. Ein jeder von uns wird ihn einst gehen.

## *Gott, das absolute, unendliche Sein*

Das absolute, unendliche Sein, das über sich selbst sagt: »Ich Bin«, kann mit Menschenworten als die Grundwahrheit im All beschrieben werden, als der Geist der Unendlichkeit, als das universelle Gesetz, das hinter allen Dingen steht.

Das universelle Gesetz ist auch das universelle Leben, die unendliche Quelle, aus der alles Leben hervorgeht.

Es ist die aufbauende, schöpferische Kraft und zugleich die unendlich strömende Quelle der Kraft.

Es ist das Licht, das alles durchflutet.

Es ist die allumfassende Liebe und Weisheit, die alles einhüllt und beseelt und zugleich die ewige Quelle, der die Liebe und Weisheit entspringt.

Es ist der Geist, die Quelle der Liebe und des Lebens, die unendliche Macht, die in allem wirkt, die unaufhörlich schenkt und Leben in

Fülle hervorbringt. Es ist der Pulsschlag in allen Formen, in allem Sein.

Dieses Sein, das ist und das zugleich durch das gesamte All strömt, nennen wir Gott. Gott erfüllt das ganze Universum. Sind wir wieder zum universellen Leben erwacht, dann leben wir fortan mit Gott. Wer mit Gott lebt, der lebt leichter, er lebt bewusster. Er sieht die Dinge so, wie sie sind, und nicht, wie sie scheinen. Denn nichts ist, was ohne Gott ist. Alles ist geworden aus Ihm und wird erhalten durch Ihn. Wir dürfen teilhaben am Leben Gottes, ja wir dürfen wieder göttlich werden, eins werden mit Ihm, der uns geschaffen hat.

Werden wir uns dessen bewusst: Jeder Schritt unseres Alltagslebens, jede Bewegung und all unser Tun werden aus der einen Quelle gespeist, werden durch das gleiche große Gesetz geleitet. Hinter allem wirkt der eine, unendliche Geist, Gott. Alles Sein, alle Wesen und auch alle Menschen, empfangen immerwährend aus der unendlichen Quelle göttlicher Liebe und Weisheit durch ein göttliches Einströmen.

Der Ursprung der Quelle, aus dem das Leben in alle Formen einströmt, ist die Urzentralsonne. Sie ist das erhaltende und bewegende Prinzip. Daraus empfangen wir so viel geistige Kraft, wie wir durch ein entsprechendes, gesetzmäßiges Leben erbitten.

## *Wir müssen uns dem göttlichen Strom öffnen und uns zu Gottmenschen emporheben*

Für dieses Einströmen göttlicher Liebe und Weisheit müssen wir uns öffnen, dann werden wir – wenn wir das Ziel unseres geistigen Lebens erreicht haben – selbst zum Gesetz. In dem Maße, wie sich der Mensch dem göttlichen Einstrom öffnet, kommt er Gott, der All-Liebe und Weisheit, näher. In dem Maße, wie er Gott näherkommt, empfängt er auch vermehrt Gotteskräfte.

Der Mensch öffnet sich für die göttliche Kraft, indem er seine Empfindungen, Gedanken, Worte, seine Werke, Gesten und Neigungen veredelt, um so in den Rhythmus göttlicher Harmonie zu gelangen.

Durch Verwirklichung der heiligen Gesetze, durch Annehmen dessen, was absolut ist, durch Ausrichtung auf das Höchste werden wir wieder göttliche Menschen, die sich dem Ursprung der Quelle nähern. „Gottmenschen“ sehen das Ziel vor sich: den Ursprung der Quelle, vor der sie stehen, um dann ganz einzutauchen in das göttliche, ewige Sein.

Ein Gottmensch ist ein Mensch, in dem die Kräfte Gottes sich allumfassend kundtun im Wort und in der Schau. Ein Gottmensch ist der, der andere opferwillig und demütig aus göttlicher, selbstloser Liebe belehrt, ihnen dient und hilft und sie nach den Gesetzen des Lebens unterweist.

Einem Gottmenschen kann kein anderer Schranken setzen, da er nur auf die einzige Quelle blickt, auf Gott, das Gesetz. Er kann sich höchstens selbst eine Schranke setzen, wenn er für kurze Zeit die Kontrolle über sich selbst verliert und damit die bewusste Verbindung zum göttlichen Strom unterbricht.

Viele Menschen sprechen von Gott und haben das Göttliche noch nie selbst erfahren. Viel geistiges Wissen ist in der Welt, doch wenig Weisheit. Wissende sind zum Großteil Unwissende, denn was nützt das Wissen, ohne es erfahren zu haben? Wissen ist, geistig gesehen, Unwissenheit. Denn nicht gelebtes Wissen ist kein erfülltes Leben und dient somit nicht der Selbsterkenntnis.

Die Unwissenheit ist ein gefährlicher Faktor und setzt dem Großteil der Menschheit Schranken. Die Unwissenheit legt die Menschen an Ketten. Trotzdem fahren die meisten Menschen fort, ihr kleines, kümmerliches Dasein zu leben, indem sie ihr kleines Ich pflegen, sich in diesem sonnen und spiegeln, sich selbst bestätigen und andere zu ähnlichem Tun anregen. Eingeengt in ihr Parzellendenken und in ihr ichbezogenes Leben erkennen sie das größere Leben nicht, zu dem sie berufen sind.

Viele haben noch nicht erkannt, dass ihr wahres Selbst das Göttliche im Menschen ist, der Universelle Geist. Die Kurzsichtigkeit herrscht in allen Lebensbereichen, und die Gebundenheit der Menschen aneinander besteht noch allerorten. So irren viele stumpf umher und drehen sich im Kreise wie eine Herde im Pferch.

Solange wir uns nur als Menschen sehen, solange leben wir als unwissende Menschen und haben somit auch nur die Kraft von Menschen. Wenn wir aber zur Erkenntnis gelangt sind, dass wir tatsächlich Kinder des Allmächtigen sind, die alle Kräfte des Lebens in sich bergen, dann erwacht in uns ein höheres Maß an Geistigkeit, dann gelingt es uns zunehmend mehr, uns dem göttlichen Strom zu öffnen, um uns zum Gottmenschen emporzuheben.

## *Gedanken sind schöpferische Kräfte – Der Mensch ist Sender und Empfänger – Sensitive Menschen*

Wir haben nun gelesen, dass negative Gedanken den Menschen zu Fall bringen und Schicksal, Krankheit, Not und Sorgen heraufbeschwören. Positive Gedanken, selbstlose Gedanken heben den Menschen empor und tragen ihn zu ungeahnten Höhen.

Gedanken sind also Kräfte. Sie haben bestimmte Formen, Qualitäten, Substanzen und Energien, die uns beeinflussen und auf unser Nervensystem wirken. In wissenschaftlichen Laboratorien kann durch Experimente bewiesen werden, dass Gedanken tatsächlich Kräfte sind.

Daraus ersehen wir, dass unser Denken das Werkzeug einer schöpferischen Kraft ist, schöpferisch nicht bloß bildlich gesehen, sondern ganz real. Alles, was sich im Materiellen befindet, alles, was uns überhaupt im materiellen

Teil des Universums bekannt ist, hat seinen Ursprung im Gedanken. Durch unsere Gedanken erhielt es seine Form. Alles, was wir geschaffen haben, denken wir an Häuser, Kunstwerke oder Maschinen, hat, ehe es seinen stofflichen Ausdruck und seine materielle Form fand, seine Geburt und seinen Ursprung im Gedanken, im Verstand des Menschen.

Unsere Gedanken sind der Steuermann unserer Seele und unseres Leibes. Wir Menschen sind also zugleich Empfänger und Sender hoher und niederer Gedankenschwingungen. Richten wir unseren Empfänger auf höhere geistige Lebensbereiche aus, so werden wir auch lichte und edle Impulse, also Gedankenschwingungen empfangen, die wiederum uns tragen und für weitere Geistigkeit vorbereiten.

Wer sich bemüht, unablässig edel und rein zu empfinden und zu denken, der wird auch wiederum edle, reine Gedankenwellen empfangen, der wird auch Gottes Reichtum und Fülle empfangen, denn Gott, die ewige Kraft, sendet unermüdlich. Wer von diesem heiligen Sender geführt und inspiriert werden möchte, der muss durch entsprechende Empfindungen und Gedanken seinen Empfänger auf das Höchste, auf die ewige Energiequelle, Gott, ausrichten.

Manche Menschen sind sehr feinfühlig beschaffen, ihr Organismus ist ungewöhnlich zerbrechlich und empfindsam gebaut. Ihr Nervensystem reagiert auf jede Schwingung. Solche Menschen werden von dem Geistzustand derer, mit denen sie in Berührung kommen oder in deren Gesellschaft sie sich befinden, jedes Mal mehr oder weniger »angesteckt«. Sie erleben sodann intuitiv, mit welchem Geistzustand sie es bei ihrem Nächsten zu tun haben. Wenn ein Mensch so sensitiv ist, kann dies das Leben im höchsten Grad unruhig gestalten. Falls er nicht imstande ist, die auf ihn einwirkenden Kräfte richtig einzuordnen und sich gleichzeitig vor unerwünschten, negativen Einflüssen zu schützen, zu verschließen, so kann er unter Umständen sehr darunter leiden oder gar erkranken.

Es ist jedoch kein Unglück, so feinnervig beschaffen zu sein. Im Gegenteil, diese Sensibilität fördert in hohem Maße die Erschließung der inneren Geistigkeit und die Ausbildung höherer geistiger Fähigkeiten, denn man ist sowohl für die von innen kommenden Seelenkräfte als auch für die von außen kommenden höheren Kräfte offener und empfänglicher.

Die Sensitivität für Höheres kann jeder erlangen, da in jedem von uns das Göttliche wirksam ist. Wem es gelingt, durch die selbstlose Tat im Geiste Gottes die Liebe zu verwirklichen, dem werden die höchsten Eingaben geschenkt.

Wenn wir eine geistige Haltung bewahren, werden wir still. Wir gelangen unter den Einstrom feiner, aber mächtiger Einflüsse, die dann auch einen geistigen Erfolg herbeiführen. Dabei werden wir alle niederen und unerwünschten Schwingungen, ob von der sichtbaren oder der unsichtbaren Welt, den Reinigungsbereichen, fernhalten, während alle höheren Ströme angezogen werden. Je stärker diese Anziehung durch ein gesetzmäßiges Leben ist, umso mehr kommen sie und unterweisen und führen uns.

## *Einflüsse aus der unsichtbaren Welt*

Was versteht man unter der unsichtbaren Welt des Lebens? Die unsichtbare Welt umfasst zunächst jene Bereiche, in denen die Seelen leben. Auch die atmosphärische Chronik gehört zu diesen Schwingungsebenen, in denen alle Gedankenkräfte, alle verstandes- und gefühlsmäßigen Zustände von Menschen und Seelen Aufnahme finden. Diese, von Menschen und Seelen ausgegangenen und ausgehenden Empfindungen und Gedankenkräfte nehmen auf uns Einfluss, wenn wir uns gedanklich auf ihrer Wellenlänge befinden.

Nach dem Ablegen der menschlichen Leibeshülle setzt sich das Leben als Seele in den Seelenreichen fort. Das Leben selbst bleibt erhalten, es wechselt nur die Form. Jedoch die Empfindungen und Gedanken, mit denen sich der Mensch umgeben hatte, haften an der feinstofflichen Substanz, an der Seele. Von ihr gehen sodann wieder Gedankenwellen aus und beeinflussen jene Menschen, die in demselben Frequenzbereich leben. Da also das Leben in der anderen Form, als Seele, weiterexistiert, ziehen wir fortwährend auch von jener, für uns unsichtbaren Seite des Lebens diejenigen Einflüsse und Umstände an, die den unsrigen am verwandtesten sind.

Es könnte uns nun bedrohlich anmuten, dass wir beständig solchen Einflüssen ausgesetzt sind. Bedenken wir jedoch: Wir selbst haben es ganz in der Hand, die Reihe der Gedanken zu bestimmen, die wir bilden, und damit auch die Reihe der Einflüsse, die wir anziehen wollen. Wir sind keine willenlosen Produkte der Umstände, es sei denn, wir wollen es ausdrücklich sein. Wir können in unserem Leben das Steuer in der Hand behalten und genau bestimmen, welchen Kurs wir nehmen und an welchen Punkten wir anlegen wollen. Wir können dies auch unterlassen; dann treiben wir aber in dem Meer unzähliger Gedankenschwingungen und Einflüsse und werden hin- und hergeweht.

Darum sollte uns jeder Gedanke willkommen sein, der uns zu höherer Geistigkeit, zu göttlichem Leben führt. Dann werden wir fähig, die Hilfe der edelsten und auch reinsten Wesen zu empfangen, die uns sodann näherkommen und uns behilflich sind, eine höhere Geistigkeit zu erlangen.

## *Wir bestimmen Saat und Ernte durch unser Denken – Unser Inneres prägt unser Äußeres*

Die lebendigen, von uns ausgehenden Schwingungen, die in unserem eigenen Dasein und in der Welt um uns wirken, sind für das leibliche Auge nicht sichtbar, doch sind sie die Ursachen unserer Ernte.

Was immer wir als Saat in unsere Seele aufnehmen, das ist unsere Ernte. Was auf uns Einfluss nimmt, ist zugleich die Wirkung. Unser Denken beherrschen heißt, unser Leben bestimmen.

Das Gesetz der Entsprechung zwischen Geistigem und Materiellem arbeitet präzise. Menschen mit düsterer Stimmung ziehen nicht nur Düsteres an, sondern sie wirken auch gegensätzlich auf Menschen ein. Menschen, die immer entmutigt und verzweifelt sind, haben auch keinen Erfolg. Ihr Leben ist stets eine Last, auch für andere. Die Hoffnungsvollen jedoch, die Frohen, ziehen den geistigen Erfolg an.

Dem geistig Erwachten zeigen sich im materiellen Bereich viele Anhaltspunkte, aus denen er Rückschlüsse auf den Zustand der Seele seiner Mitmenschen ziehen kann. Verkommene Kleider zum Beispiel, also Fetzen und Schmutz, sind immer zuerst im Geiste da, in unserem seelischen Bewusstsein, ehe sie im Äußeren sichtbar werden. Der Gedanke, der in uns am häufigsten auftritt, bewirkt in unserem Äußeren sichtbare Zeichen, denn der innere Zustand prägt unser Äußeres.

Ist unser Geist immer voll Hoffnung, Vertrauen und Mut, entschlossen, das geistige Ziel zu erreichen, und immer darauf gerichtet, Edles und Gutes zu empfinden, zu denken und hervorzubringen, so wird sich auch äußerlich unser Körper aufrichten, und unser ganzes Wesen wird Reinheit, Frieden und Harmonie ausstrahlen.

Jeder unserer Gedanken stellt eine Beziehung zu den Bereichen her, mit denen er schwingungsmäßig verwandt ist. Die für das leibliche Auge unsichtbaren Elemente und Kräfte sind um das Vielfache zahlreicher als die sichtbaren. Je nach der Stimmung, in die wir unseren menschlichen Geist, unsere Gehirnzellen versetzen, werden wir entsprechende niedere oder höhere unsichtbare Kräfte anziehen. Das ist ein geistiges Gesetz.

## *Alle von uns ausgesandten negativen Gedanken sind Kräfte, die auf uns zurückkommen*

Jesus gebot: »Tut Gutes denen, die euch hassen«. Dies besagt: Wenn wir ausschließlich positiv und edel denken und handeln, dann ziehen wir nur Güte und Aufbauendes an uns, in der Natur und in allem Sein. Übles Tun bedeutet, die entgegengesetzten, zerstörenden Kräfte anzuziehen.

Wenn unsere geistigen Sinne lauter sind, so werden wir uns auch von allen schlechten Gedanken befreien, ja, sie kommen uns nicht mehr nahe. Sie versuchen wohl, Einfluss auf uns zu nehmen, doch unsere Strahlung ist unser Schild, der abhält, was nicht rein ist.

Wer Hass und Neid aussendet und damit diese negativen Kräfte verstärkt, der wird von ihnen wiederum beeinflusst und wird auch noch als Seele unter ihnen zu leiden haben. Wer das Schwert nimmt, um seine Feinde zu besiegen, der wird im Seelenreich darunter zu leiden haben und einst auch durch das Schwert umkommen. Jeder gegen irgendeinen Menschen gerichtete schlechte Gedanke ist ein gegen sich selbst gezücktes Schwert. Wenn nun der andere auch sein Schwert zückt, so ist das umso schlimmer für beide. Beide bauen sodann weiter am Gebäude ihres beschwerdereichen Schicksals oder schaffen ein neues.

Daher sollten wir uns täglich überprüfen und »beide Wangen hinhalten«, damit wir unseren Sender auf den Sendebereich des guten und positiven Lebens ausrichten, auf Gott, um mit Ihm zu leben – denn in und mit Gott lebt es sich sicherer und leichter.

Es ist uns geboten, Aufklärung zu geben, wenn Gegensätzliches geschehen ist; doch wir sollten niemals Gleiches mit Gleichem vergelten. Haben wir aufgeklärt und unser Nächster will nicht annehmen, so schweigen wir und halten beide Wangen hin. Das ist ein Gott ergebenes Leben.

## *Vom Kampf mit dem niederen Ich zur Harmonie mit dem göttlichen Willen, zur Einheit mit Gott*

Wir stehen so lange im Kampf mit unserem niederen Ich zugunsten unseres höheren Selbst, bis wir uns bemeistert haben und uns dem Ursprung der Quelle nähern. Dann nimmt das Leben einen gleichmäßigen, stetigen Verlauf. Wir schöpfen aus dem Ursprung der Quelle. Wir haben uns zum Gottmenschen erhoben.

Um mit Gott leben zu können, müssen wir uns immer mehr beobachten und kontrollieren, damit wir das uns eventuell schon lange anhaftende Gegensätzliche überhaupt erkennen. Oft entdecken wir bestürzt, dass die Motive unseres gewohnten Handelns, etwas, das wir bisher mit Stolz als besondere Charakterstärke betrachteten, im Grunde Schwäche ist und unlauteren, gegensätzlichen, das heißt negativen Quellen entspringt. Wir müssen unseren Willen dem Willen Gottes unterstellen, damit wir dem Göttlichen näherkommen.

Der göttliche Wille ist der Wille unseres höheren Selbst, das uns von Gott gegebene, ursprüngliche Bewusstsein.

Der Wille Gottes ist also keine Macht, die nur von außen einwirkt, wie dies weltliche Mächte tun. Er ist in uns, aber oftmals noch gehalten und verdeckt von unseren menschlichen Bestrebungen und Wünschen. Sobald wir aber die Verbindung aufnehmen zu dem ewigen Sein, aus dem wir hervorgegangen sind, strahlt die Kraft des göttlichen Willens in uns auf.

Wir müssen also unseren Willen überprüfen. Jeder hartnäckige, ungestüme, drängende und ungeduldige Gedanke und Wunsch kommt aus unserem Eigenwillen.

Der göttliche Wille steht über allen menschlichen Dingen, er wägt ab und handelt weise.

Wer seine Einheit mit dem Göttlichen erkannt hat und kraft dieser Erkenntnis seinen Willen dazu bringt, in Harmonie und Übereinstimmung mit dem göttlichen Willen zu wirken, der erlernt wahre Weisheit und wird ein Tatmensch.

Der Wille Gottes entspringt der allumfassenden Liebe. Er ist das treibende Element, die dynamische Wesenheit Gottes, welche die Erfüllung aller Seiner ewigen Gesetze bewirkt. Der göttliche Wille kennt wie alle Wesenheiten und Eigenschaften Gottes keine Grenzen, er ist allumfassend und alldurchdringend.

Alles dient dem Menschen, wenn er den göttlichen Willen einzusetzen vermag. Wandelt sich der menschliche Wille zum göttlichen Willen und gelangt der Mensch in Harmonie und Übereinstimmung mit den göttlichen Kräften, dann beginnt er, göttlich zu werden. Alle hohen Kräfte des Universums ruhen in unserem Inneren, sie warten nur darauf, von uns wieder erweckt zu werden.

Gott ist sowohl in uns als auch außerhalb von uns. Er schafft, wirkt und regiert in alle Ewigkeit. Wenn wir Gottes Walten, Gottes Willen in allem erkennen, dann finden wir zu dem heiligen Bewusstsein und zu der Harmonie mit dem universellen Geist, mit Gott.

Je mehr wir Gott als den unendlichen Geist des Lebens und der Kraft erkennen, der jetzt und zu allen Zeiten in allem und durch alles wirkt und sich kundtut, und je deutlicher wir unsere Einheit mit Seinem Leben erkennen und annehmen, umso mehr nehmen wir teil an Seinem Leben. Dann verwirklichen wir Seine Wesenheiten und Eigenschaften in und an uns.

## *Die echte göttliche Offenbarung und die unmittelbare Führung durch den Gottesgeist*

Wer seinen Willen dem göttlichen Willen untergeordnet hat, der erkennt, dass der menschliche Verstand nur ein Werkzeug des Willens Gottes sein kann, der ihn verwendet, um sich in der stofflichen Welt auszudrücken. Der Verstand ist unser Gedankenleben. Unser Gedankenleben bedarf beständiger Erleuchtung von innen, das heißt, unser Bewusstsein muss so weit gedeihen, dass es unser Gedankenleben erfasst und uns erkennen lässt, ob unsere Gedanken dem Gesetz entsprechen oder ob sie noch im Kausalgesetz stehen. Unser Gedankenleben wird in dem Maße erleuchtet, wie wir der Einheit des Göttlichen teilhaftig werden.

Im Wesenskern unserer Seele ist die Fülle der göttlichen Kraft beschlossen; von dort her kommt echte Inspiration, wahre Offenbarung. Erst wenn wir gelernt haben, unsere Sinne zu veredeln und sie nach innen, zum unbelastbaren Wesenskern der Seele, zu wenden, erschließt sich in uns die Fülle, und wir erlangen, wie schon gesagt, echte, göttliche Offenbarung.

Die unmittelbare Hinwendung zum Göttlichen in uns geschieht nur in der Stille. Alle Erleuchteten, Weisen, Mystiker und Propheten wissen: Gott lebt und spricht nur in der Stille. In der Stille erschließt sich dem Menschen die Quelle göttlicher Fülle, Kraft und Offenbarung.

Die göttliche Offenbarung ist ein geistiges Empfangen und zugleich ein inneres Schauen.

Diese göttlichen Gaben öffnen sich nur dem, der bewusst in der Einheit mit dem Geist unseres himmlischen Vaters lebt.

Die Bitte um Offenbarung und um bewusste, unmittelbare göttliche Führung kann nur aus der höchsten Sehnsucht nach Gott heraus, aus der Erfüllung der heiligen Gesetze und aus dem höchsten Vertrauen geboren werden. Diese sehnsuchtsvolle, selbstlose Kraft schließt die inneren Sinne der Seele auf, so dass diese unmittelbare Erleuchtung aus der göttlichen Allweisheit schöpfen und dem Menschen übermitteln kann, der sodann schöpferisch und weise und von der göttlichen Kraft geführt wird.

Dadurch wird der Mensch ein Seher und Hörer des Ich Bin. Wenn sich die Seele und der Mensch auf höheren, geistig reinen Ebenen begegnen, gelangen Seele und Mensch zu der höchsten Erkenntnisquelle, aus der sie die reine Wahrheit empfangen.

Wenn die Seele so durch die inneren Sinne für die Offenbarung des göttlichen Lichtes aufgeschlossen ist, dann offenbart es ihr in direkter Erleuchtung, was Gott in die Dinge gelegt hat und damit die volle Weisheit über die Dinge selbst.

Manche nennen dies die Stimme der Seele, andere die Stimme Gottes. Da aber alles Reine und Gute vom göttlichen Ursprung, vom göttlichen Quell, kommt, so ist es die Stimme Gottes, die aus dem Wesenskern unserer Seele sprechen kann, weil dieser göttlich ist.

Die Klarheit, mit der diese Stimme Gottes zu uns spricht, wächst in dem Maße, wie wir der Erkenntnis unseres wahren Selbst und der Verwirklichung der Einheit unseres Lebens mit dem unendlichen Geist näherkommen, in dem Maße, wie wir uns diesem göttlichen Einströmen öffnen. Je mehr wir dieser Stimme vertrauen, uns täglich mehr veredeln und dieser inneren Stimme gehorchen, umso deutlicher spricht sie. Schließlich kommt die Zeit, in der sie die Führung unserer Seele und unseres Körpers übernimmt.

Wenn wir uns also gehorsam dieser inneren Kraft zuwenden, indem wir die Gesetze verwirklichen, gelangen wir in die unmittelbare Führung Gottes, und dann ist die Stimme untrügerisch, ganz klar und rein. Wer rein empfindet, denkt, redet und lebt, der nimmt Abstand von niederen Einsprachen. Diese entziehen dem Menschen Kräfte, der sich auf niedere Bereiche ausrichtet.

Deshalb müssen wir ein weitgehend makelloses Leben führen, um Gott und Seiner Stimme ganz vertrauen zu können. Wir müssen unser Leben vergeistigen und uns jeden Augenblick bewusst werden, dass ein edler, reiner Gedanke das Licht vergrößert und lichte Boten anzieht, dass aber niedere Gedanken, menschliche Wünsche, Regungen und Neigungen, Triebhaftigkeit und dergleichen, das Licht verringern und entsprechende Kräfte und Wesen anziehen.

## *In Gott ruhen –*
## *Ins Gleichmaß kommen –*
## *Vergeben und Vergebung erlangen*

Wer sein Leben im Geiste der Liebe, des Friedens und der Harmonie gestaltet, wird furchtlos werden. Er weiß, dass nichts ohne Sinn und Zweck geschieht. Daher kann sich der zu Gott Strebende auf Gott, die allmächtige Kraft, verlassen.

Sind wir in Harmonie mit Gott, also in Seinem Gesetz, so ruhen wir in Gott, und alles ist gut.

Erfahren wir aber die Wirkungen unserer Ursachen, befinden wir uns also noch unter Seinem Gesetz, im Gesetz von Ursache und Wirkung, so wird auch der, der dies annimmt, darin nur das Walten Seiner Weisheit und Liebe erkennen. Der gottergebene Mensch wird demütig ebenso sprechen wie der im Absoluten Gesetz stehende: Alles ist gut.

Es ist ein Kennzeichen des geistig reifenden Menschen, sich unter allen Umständen und Zuständen in Gott geborgen zu wissen.

Während unseres Erdenlebens sind unser verschatteter Geistkörper, unsere Seele, und unser physischer Leib eng miteinander verbunden. Der weltverhaftete Mensch sieht und beachtet nur den Körper. Der geistige Mensch jedoch, das heißt, der im Geiste erwachte Mensch, wird den Geistkörper als das Wahre sehen, aus dem das Leben kommt, den physischen Körper als die Hülle, als das Gefährt der Seele, in das sie sich eingeboren hat.

Unser Äußeres ist der Ausdruck des Inneren. Alle Empfindungen und Gedanken nehmen sofort Gestalt an und beeinflussen unsere Sinne. Bei jeder Erregung, sei sie positiv oder negativ, schwächt sich in uns die Geistkraft, denn Gott ist Harmonie. Gott ist auch die Stille, das Gleichmaß. Jeder Überschwang in irgendeine Richtung bewirkt ein Hinausschwingen aus dem göttlichen Gesetz, aus dem friedvoll und ruhig fließenden Strom der Allmacht und Liebe.

Solange wir nicht in Harmonie mit dem Absoluten gelangen, stehen wir im Kausalgesetz, im Gesetz von Saat und Ernte.

Der Prozess des Bewusstwerdens, des Bereuens und Verwirklichens, lässt uns frei werden. Dazu gehört auch, dass wir anderen ihre Fehler vergeben. Denn erst, wenn wir unseren Schuldigern vergeben können, werden auch wir von Gott Vergebung erlangen. Ebenso kann uns auch Gott erst vergeben, wenn wir unsere Missetaten bereuen und von dem Betroffenen Vergebung erlangen.

Deshalb heißt es: Erkenne dich selbst und miss dein Leben, dein Denken und Tun an den Gesetzen Gottes. Strebe immer nach dem Höchsten und lege ab, was du als niedrig erkannt hast, dann werden Geist und Körper sich harmonisieren.

## *Geistesschwäche bringt Körperschwäche*

Sind wir ausgewogen, ausgeglichen, haben wir lichte und freundliche Gedanken, so fließen in uns die Geistkräfte stärker. Haben wir negative, lichtlose, schwermütige Gedanken, so verringert sich in uns die Geistkraft. Das Nervensystem, das das Nervenbewusstsein des Körpers ist, reagiert und lässt die Geistkräfte entsprechend stärker oder weniger stark fließen, je nach unserer Einstellung zum Leben.

Hat der Mensch mit den Schwierigkeiten und Problemen oder mit der Einstellung seines Nächsten zu ringen, dann schwächt sich für Stunden oder Tage sein Organismus. Sobald er jedoch Abstand von diesen Schwierigkeiten und Problemen seines Nächsten gewinnt oder diese bewältigt sind, dann wird sich der Organismus wieder stabilisieren, weil die Geistkraft sodann wieder verstärkt strömt.

Menschen jedoch, die nicht auf ihre Gedanken, Gefühle, Regungen und Neigungen achten, bauen die Geistkraft nicht so schnell wieder auf. Sie können einen Schicksalsschlag nach dem anderen erleiden. Hier gilt: Geistesschwäche bringt auch Körperschwäche mit sich.

Sicher sein im Geiste Gottes heißt, festen Schrittes im Gesetz des Lebens zu schreiten. Unsicherheit im Geiste macht auch den physischen Gang unsicher und unseren Körper schwach, gebrechlich und anfällig für viele Krankheiten, insbesondere dann, wenn sich eine Seelenschuld anschickt, über den Körper auszufließen.

Wir müssen uns bemühen, trotz aller äußeren Schwierigkeiten und Probleme, trotz allem, was der Tag bringt, in Harmonie zu bleiben.

Wie oft erleben wir, dass Menschen nach einem Unglücksfall zitternd dastehen, schwach vor Furcht; sie fielen aus der Harmonie, der Schock brachte eine Verkrampfung des Nervensystems. Warum zittern sie und sind oftmals unfähig, sich zu bewegen? Wir sollten erkennen, dass in diesem Augenblick der Geist nur eine geringe Wirkung auf unseren Körper ausübt, weil sich das Nervensystem verkrampft hat und dem Geist nur ein geringes Einströmen in den Körper gestattet.

Auch nach einem Zornanfall erleben wir oft eine körperliche Schwächung, eventuell sogar heftige Kopfschmerzen. Auch daraus ersehen wir, dass der Geist, die Kraft in unserem Körper, zurückweicht und dass unsere Gedanken und Gefühle auf den Körper negativ, kräftezehrend einwirken.

Angst und Aufregung haben die Wirkung, dass sich das Nervensystem, die Kanäle des Geistes, verkrampfen, so dass die Lebenskraft nur noch gering, langsam und träge hindurchfließen kann. Hingegen öffnen Hoffnung, Ruhe und Harmonie diese Kanäle, und die Lebenskräfte durchströmen sodann intensiver unsere Seele und unseren Leib. Der Geist ist der natürliche Beschützer unseres Körpers.

Wenn wir uns bewusst werden, dass jeder Gedanke danach strebt, sich zu verwirklichen, so erkennen wir, dass letztlich unsere Gedanken unsere Leiden sind.

Neid- und hasserfüllte, also abscheuliche Gedanken, Vorstellungen von Krankheit, Ausschweifungen und Lastern aller Art, wirken zunächst auf das Nervensystem ein und erst im weiteren Verlauf auf die Seele. Vom Nervensystem aus gelangen die entsprechenden Schwingungen sodann in den Körper, dort werden die Atome und die Zellen beeinflusst.

Es ist bekannt, dass plötzliche und übermäßig starke Gemütsbewegungen in wenigen Stunden das Herz nicht nur schwächen können, sondern gelegentlich den physischen Tod herbeiführen. Wir erkennen also, Geistesschwäche bringt auch Körperschwäche und kann sogar das Abstoßen des physischen Leibes zur Folge haben. Starke Aufregungen lösen oftmals Erbrechen aus. Ein heftiger Wutanfall kann tödlich enden. Durch Kummer, Eifersucht, fortwährende Sorge und aufreibende Angst können manchmal psychische Störungen entstehen.

Alle negativen, das heißt bösen Gedanken verursachen zwiespältige Schwingungen, durch die sich der Körper wiederum für Krankheiten mancherlei Art öffnet. Wir erkennen also, dass heftige Gefühle und Leidenschaften unmittelbare Wirkungen auf den Körper haben. Wenn ihre Stärke einen gewissen Grad übersteigt, werden sogar bestimmte Krankheiten hervorgerufen, die unter Umständen zu chronischen Leiden führen können. Hass, Neid und Zorn können sogar die gesunden, lebensspendenden Säfte des Körpers verändern, so dass sie, anstatt ihre natürliche Funktion auszuüben, giftig und zerstörend wirken. Wandeln sich die natürlichen Stoffe zu krankheitsfördernden Säften, so kann die Summe der Wirkungen bestimmte Krankheitsformen schaffen, die mit der Zeit chronisch werden.

## Wirkliche Heilung ist eine innere Heilung

Gedanken sind also Kräfte, die auf unser Nervensystem und auf unsere Seele einwirken. Es liegt folglich ganz an uns, was wir aus unserem Leben machen. Auf dieselbe Weise wirken aber auch umgekehrt die positiven Gefühle: Güte, Liebe, Freundlichkeit und Wohlwollen auf das Nervensystem und auf die Seele ein. Sie entspannen das Nervenbewusstsein, bringen es in Harmonie, reinigen den Organismus und lassen die lebensspendenden Ströme verstärkt in den Körper fließen. Dann fühlen wir, dass alle Lebenskanäle des Körpers frei und offen sind und die Lebenskräfte verstärkt in den Organismus einfließen.

Diese Heil- und Lebenskräfte werden sodann im Organismus wirksam. Sie entgiften ihn, so dass er die krankheitserregenden Einflüsse überwindet. So kann sich ein kranker Körper in einen gesunden verwandeln.

Wir erkennen also: Mit Gott, mit den göttlichen Energien, »lebt sich's leichter«. Das bedeutet: Wenn wir unsere Gedanken immer mehr verfeinern, wenn unsere Selbstlosigkeit den ganzen Tag anhält, dann wird der Kraftstrom in uns alles Negative umwandeln, die Seele mit Licht füllen und den Körper von allen Schadstoffen reinigen, ihn gesund werden lassen, das heißt, ihn heilen.

Die Methode, einer körperlichen Disharmonie mit Medikamenten zu begegnen, ist letztlich nicht von Dauer. Das Einzige, was wir mit Medikamenten erreichen können, ist, dass sie im Äußeren einige Hindernisse aus dem Weg räumen.

Der wirkliche Heilungsprozess muss innerlich durch die Heil- und Lebenskräfte erfolgen. Daher ist es notwendig, dass wir uns auf die Allharmonie einstimmen, um mit dem Allmächtigen in Einklang zu gelangen.

Wir erkennen also in allem, dass die göttliche Kraft die Kraft ist, die uns emporhebt, die uns harmonisiert, die uns selbstlos macht, die uns ein Leben schenkt, das ausgewogen, friedvoll und zuversichtlich ist.

Gott ist Leben, Gott ist Liebe, Gott heilt. Gelangen wir in das verstärkte Einströmen dieser allmächtigen Kraft, dann sind wir von innen heraus mit allen Menschen und Wesen geeint und gesund – wir leben. Nur der erkennt, was Leben bedeutet, der in Gott lebt. Alles andere ist, vom Geiste aus gesehen, scheinbares Leben, nur ein Vegetieren.

## *Nach deinem Glauben wird dir gegeben – Gehe hin und sündige nicht mehr*

In diesem Zusammenhang möchte ich noch einiges über die geistige Heilung sagen. Ein gottbegnadeter Mensch kann sehr viel zu unserer Heilung beitragen. Christus braucht jedoch ebenso die Mitwirkung des Heilungsuchenden, der Ihn anrufen und an Ihn glauben sollte.

Jesus von Nazareth richtete an die Kranken, die zu Ihm kamen, fast immer diese Frage: »Glaubst du?« Damit regte Er die lebensspendenden Kräfte zur inneren Heilung an. Der Mensch begann nachzudenken. Er begann, allmählich an Gesundheit zu glauben und diese zu bejahen.

In dem Maße, wie sich der Heilungsuchende an Christus, die zentrale Kraft, wendet, wird er auch Heilkraft empfangen. Deshalb sollte jeder Heilungsuchende sich Christus hingeben und sich aufschwingen zu einem lebendigen Erkennen und Bejahen der Allmacht, auf dass er die inneren Kräfte aktiviert.

Um eine dauerhafte innere Heilung durch den Geist zu gewinnen, muss der Heilungsuchende sich in seinen Empfindungen und Gedanken auf eine höhere Ebene begeben und sich bemühen, dort zu bleiben. Das meinte Jesus von Nazareth mit den Worten: »Gehe hin und sündige fortan nicht mehr« und: »Deine Sünden sind dir vergeben«. Damit wies Er auf die unwandelbare Wahrheit hin, dass jede Krankheit und jedes Leiden unmittelbar oder indirekt die Folgen der bewussten oder unbewussten, absichtlichen oder unbeabsichtigten Übertretungen des Gesetzes sind. Erst wenn wir Menschen nicht mehr die göttlichen Gesetze übertreten und schließlich in eine volle Übereinstimmung mit den heiligen Gesetzen gelangen, hören die Ursachen und damit die Leiden auf zu existieren. Wohl können dann in unserem Körper noch häufig die Nachwirkungen früherer Ursachen spürbar sein, aber die Ursache selbst ist aus der Seele geschafft, und daher können von ihr keine neuen Übel mehr ausgehen.

Sogar ein – infolge früherer Ausschreitungen – gegensätzlicher Zustand kann allmählich wieder in Ordnung kommen, sobald im Menschen die geistigen Kräfte vermehrt aktiv werden. Müssen wir jedoch eine Wirkung austragen, so denken wir daran: Was sich im Körper auswirkt, liegt nicht mehr in der Seele. Diese Erkenntnis sollte in uns Freude und Dankbarkeit erwecken.

## *Im Geiste Gottes gibt es keine Krankheit*

Nichts bringt den Menschen schneller in Harmonie mit den Gesetzen als die bewusste Erkenntnis, dass er unsterblich ist und zu der großen Allharmonie und Einheit gehört mit dem unendlichen, absoluten, ewigen Geist, der hinter allen Dingen wirkt, der in jedem Menschen ist, der das Leben allen Lebens ist.

Im Geiste Gottes kann es keine Krankheit geben. Wenn uns das bewusst ist, werden wir uns bemühen, uns schrittweise der Allharmonie zu nähern, um in Übereinstimmung mit dem Absoluten zu gelangen, um mit Gott, dem Gesetz, zu leben und zuletzt das Gesetz selbst zu sein.

Wir sind Wanderer zur Absolutheit. Wir müssen wieder das werden, was wir einst waren und wie Gott uns ewig schaut: vollkommen, also das ewige Gesetz selbst.

Wir müssen erkennen, dass die Essenz aller Lebensformen in uns ist, da in allen Lebensformen das allmächtige Gesetz wirkt, das ein Teil unseres Lebens ist. Dann erkennen wir uns als ein geistiges Wesen, das nur in einer Hülle, in einem Gefährt, lebt, das es zu vergeistigen gilt. Dann sehen wir nicht mehr auf unseren Körper, der allerlei Krankheiten unterworfen ist. Wir erkennen die Tatsache, dass wir Geist aus Seinem Geiste sind. Wir erkennen, dass wir letzten Endes das Gesetz selbst sind und dass wir wieder zu diesem Gesetz werden sollen. Dann leben wir wieder im Gesetz und nicht mehr unter der Wirkung des Gesetzes, im Kausalgesetz.

## *Wer sich der Allharmonie öffnet, erfährt die Überlegenheit über den Körper und wird zum Meister seines Schicksals*

Wenn wir in unserem Denken, Fühlen und Wollen die Herrschaft über unseren Körper erlangt haben, werden wir auch dem Geist die Herrschaft über unseren Körper einräumen.

Und wenn wir unsere Überlegenheit über den Körper erkannt haben, gelangen wir – anstatt uns vor allen möglichen Dingen zu fürchten – allmählich in den Strom der Allharmonie und in die Verbindung mit dem universellen, ewigen Gesetz. Dann sind wir nicht mehr Sklaven unseres Körpers, der einmal nach diesem, dann wieder nach jenem verlangt, etwa nach Getränken oder Genussmitteln, sondern wir sind Meister unserer Gefühle und Sinne und werden damit zu Meistern unseres Schicksals.

Aus der Allharmonie mit dem Unendlichen erfahren wir die tiefe Liebe der Gottheit. Sie ermahnt uns immer wieder, selbstlos zu werden. Wenn wir selbstlos Liebe geben, erleben wir Gottes Walten, wie der Allmächtige uns führt und welche Kräfte uns zuteil werden.

Die Kräfte der Liebe kommen sodann nicht nur von innen, aus dem Wesenskern unserer Seele, sondern auch von außen, von lieben Menschen, aus der Natur oder von den Gestirnen, denn alles besteht durch die Liebe Gottes. Sie fließen uns zu und stärken, von außen nach innen, unsere Seele und auch unseren Leib.

Die selbstlose Liebe verbindet uns mit dem Urquell, dem Ursprung der Quelle, weil sie Liebe ist.

Tausende von Menschen mit schwächlichem und leidendem Körper könnten stark und gesund werden, wenn sie dem absoluten Geist nur die Gelegenheit geben wollten, Sein Werk der Liebe in ihnen zu tun. Wir geben Ihm, dem Ewigen, die Gelegenheit, indem wir unsere Gefühle, Gedanken, Regungen und Neigungen veredeln und uns immer mehr dem Einströmen der Allharmonie und Liebe öffnen.

Wenn wir von diesem Einströmen göttlicher Kraft wissen und erkennen, dass wahres Leben nur aus der Liebe und Harmonie geboren wird, dass es uns erfüllt und frei macht, dann möchten wir hinausrufen: O ihr Menschen, öffnet euch für die göttlichen Kräfte, öffnet euch, ladet sie ein! Indem ihr euer Leben positiv gestaltet, indem ihr edel denkt und fein fühlt, öffnet ihr euch für die Allharmonie und Liebe.

Dann wird der verstärkt in uns einfließende geistige Strom uns beleben und den Körper durchfließen, so dass alle die Beschwerden, denen wir bis heute ausgesetzt waren, verschwinden. Das kann unter Umständen in kurzer Zeit geschehen, je nach der Intensität unseres Lebens und je nach geistigem Erwachtsein von einer Minute zur anderen. Ja, von einer Minute zur anderen können wir spüren, wie sich unser Körper aufrichtet, wie Kräfte einströmen, wie sich die Spannkraft verstärkt und die Elastizität einsetzt.

Könnte die Menschheit erfassen, was geschieht, wenn sie den ewigen Kräften die Herrschaft über Seele und Körper überlässt – wie viel wäre dadurch schon geholfen!

## *Die Materie an sich hat keine Kraft – in uns ist die Kraft, die alles neutralisieren kann, was von außen kommt*

Wenn wir Gesundheit und Kraft in uns durch die Bejahung der Kraft und durch reines Denken verwirklichen, dann werden wir auch andere damit anstecken; denn wir dürfen nicht vergessen, dass Gesundheit ebenso ansteckend ist wie Krankheit.

Wer nur von Krankheit spricht, der sendet Kräfte aus, Gedankenkräfte, gleichsam wie schädliche Bakterien, die schädlicher sind als mancher Virus. Sprechen wir doch von Gesundheit, bejahen wir die Gesundheit in uns, dann werden wir auch in unserem Nächsten positive Kräfte anregen und zur Gesundheit in unserem Nächsten beitragen!

Wir müssen erkennen, dass kein Übel in unseren Körper eindringen oder gar sich dort festsetzen kann, wenn nicht schon in uns Gleiches oder Ähnliches vorhanden ist, also etwas

Entsprechendes, das dem Eindringling das Festsetzen ermöglicht. Ebenso kann kein unerwünschter Zustand, nichts Gegensätzliches, in unser Leben kommen, wenn nicht etwas da ist, das es anzieht und dadurch sein Kommen ermöglicht. Erkennen wir rechtzeitig eine Ursache und deren Wirkungen, so können wir früher anfangen, uns selbst in eine Schwingung zu versetzen, die nur Gutem Einlass gewährt.

Warum fürchten wir uns zum Beispiel vor Krankheitserregern? Wenn wir uns in Harmonie mit den ewigen Gesetzen befinden, kann uns kein Krankheitserreger etwas anhaben. Er kann weder eine Unpässlichkeit, wie zum Beispiel eine Erkältung, auslösen, noch kann er uns weiteren Schaden zufügen. Ein Erreger kann mich nur in dem Grad beeinflussen, wie ich selbst es ihm erlaube und möglich mache.

Wir müssen zwischen Ursache und auslösendem Faktor unterscheiden. Der Erreger ist keine Ursache und bringt keine solche mit sich, es sei denn, wir befinden uns auf der Schwingungsebene des betreffenden Erregers. Nur dann gewähren wir ihm Einlass und können nicht verhindern, dass er sich in und an uns auswirkt.

Wenn zwei Menschen Erreger derselben Krankheit in sich aufnehmen, so kann sich Folgendes zutragen: Der eine erlebt die entsprechende Unpässlichkeit der Krankheit, der andere aber wird davon nicht erfasst.

Der eine wendet die Gesetze des Lebens nicht an: Er fürchtet sich vor dem Erreger, er denkt beständig an das Übel, das dem Bazillus oder Virus zugesprochen wird. Dadurch öffnet er geradezu Tür und Tor für den Eindringling, der sodann von ihm Besitz ergreift und in ihm zur Entfaltung gelangt. Somit bringt der Krankheitserreger genau das, wozu ihm der Mensch durch sein gegensätzliches Verhalten, durch seine Angst vor der Krankheit, die Macht verleiht: sein Werk zu beginnen.

Der andere erkennt sich selbst als Herrscher über seinen irdischen Geist und über die äußeren Umstände. Er weiß, dass er nicht von ihnen abhängig ist; er kümmert sich gar nicht um den Krankheitserreger. Er bringt sich in Harmonie mit den ewigen Gesetzen, indem er die göttliche Kraft bejaht und über die Krankheit und ihre Begleiterscheinungen nicht spricht oder nachdenkt. So wird der in ihm befindliche Erreger gar nicht zur Auswirkung kommen, da die innere Kraft, der Geist, ihn unschädlich macht. Der Krankheitserreger findet kein Milieu vor, in das er sich einnisten und seine Eigenschaft wirken lassen kann.

Das universelle Gesetz lautet: Gleiches zieht Gleiches an, und einander Entsprechendes verstärkt sich wechselseitig.

Wenn wir unseren Gedanken und Vorstellungen, unseren Wünschen und Sehnsüchten freien Lauf lassen, so sind wir Sklaven unserer Umgebung, anstatt Herrscher über unsere Gefühle, Empfindungen, Gedanken und Vorstellungen.

Halten wir uns vor Augen, was es heißt: Ein Mensch sollte Gottes Ebenbild sein, teilhaftig an Seinem Leben und an Seiner Kraft! Aber dieses Kind Gottes, geschaffen aus der Absolutheit, fürchtet und sorgt sich wegen eines Erregers, der von sich selbst aus nichts vermag, es sei denn, wir selbst verleihen ihm die Kraft, sich in unserem Körper auszuleben.

Der Mensch braucht immer einen äußeren Haken, an dem er sein Unvermögen aufhängen kann. Er braucht einen Sündenbock, um sagen zu können: Es war ein Erreger, der mich gesundheitlich erlahmen ließ. Das ist eine Selbsttäuschung. Wir drängen die geistige Kraft zurück, schwächen dadurch unseren Organismus und öffnen uns für äußere Einflüsse. Doch wer gesteht sich ein, dass er selbst der Schuldige ist, nicht der Nächste oder, wie hier angesprochen, ein Krankheitserreger?

Wie oft sagen wir: »In uns ist die Kraft, die alles neutralisieren kann, was von außen kommt« – und doch bemühen wir uns nur selten, diese Kraft anzuwenden, unsere Gedanken zu den positiven Kräften zu erheben, indem wir das Positive bejahen.

Die Bejahung allerdings muss uns ganz durchdringen, sie muss aus unserem Inneren nach außen strömen. Wir dürfen nicht sagen: »Es ist alles gut« – und hinter unseren Worten zweifeln wir doch. Das ist keine aufbauende und fördernde Bejahung, sondern ebenso zerstörend, als wenn wir sagen würden: »Ich zweifle«.

Entscheidend ist, was hinter dem Wort schwingt, ob das Wort auch der Gedanke ist und der Gedanke die Empfindung. Wir müssen von der Bejahung durchdrungen sein. Glaube und Vertrauen sind eine durchdringende Kraft. Haben wir beide nicht, Glauben und Vertrauen, dann können wir Stunden um Stunden die Bejahung mit Worten vornehmen: Es tut sich nichts in uns.

Uns ist geboten, die geistige Kraft, das geistige Potential in uns, zu entwickeln, indem wir die gegebenen Umstände wie Krankheit, Übel und vieles mehr mit Seele und Leib annehmen und zugleich die Gesetze befolgen.

Der beste Weg, um zum Beispiel einem Erreger die Wirkung zu nehmen, ist der folgende: Stellen Sie in sich selbst einen reinen und gesunden Zustand her, indem Sie die Materie nicht als Wirklichkeit betrachten, sondern indem Sie den Geist, der hinter der Materie steht, als das reale Leben bejahen. Sehen Sie sich nicht als Mensch, der ein Produkt und Objekt der Umwelt ist, sondern als geistiges Wesen, das der Materie zu widerstehen vermag, indem es seine Gesinnung ändert. Lassen Sie Worte in sich einschwingen wie: »Ich bin ein Kind Gottes, ausgestattet mit den Kräften des Absoluten.« Die Worte müssen jedoch von Glauben und Vertrauen durchdrungen sein, nur dann erzielen wir die rechte Wirkung in uns.

Wir müssen uns bewusst machen, dass die Materie an sich keine Kraft hat, nur so viel, wie wir ihr verleihen. Haben wir das erkannt, dann brauchen wir uns auch nicht länger vor den Schwingungstendenzen der Materie, vor Krankheitserregern, vor Übeln und Schicksalsschlägen zu fürchten.

In dem Maße, wie wir unsere geistigen Kräfte erkennen und durch Verwirklichung anzuwenden wissen, werden wir die Materie beherrschen. Wir können ihr befehlen. Wir werden nicht mehr hörige Sklaven der Materie, einer scheinbaren Realität, sein.

## *Kampf mit uns selbst führt zur Änderung der Einstellung zum Leben und zur Harmonie mit Gott*

Wir Menschen ziehen alles an, sowohl das Positive als auch das Negative.

Alles, was sich als Schwingung in der Unendlichkeit befindet, ziehen wir durch unsere Empfindungen und Gedanken an. Das geschieht nach geistigen Gesetzen, denn alles ist Gesetz; auch die Natur unterliegt dem einen Gesetz, es ist das universelle Gesetz, es ist Gott.

Deshalb gibt es im gesamten Universum keine Zufälle. Auch unser menschliches Dasein ist kein Zufall, sondern besteht aus Verkettungen von Ursachen und Wirkungen. Wir sind Menschen, um die Gesetze richtig zu erkennen und sie auch anzuwenden. Wir sind also Wanderer zum Absoluten Gesetz, zum Königreich Gottes in uns, das das Gesetz ist.

Solange wir in unserem selbstgeschaffenen Joch leben, sind wir mit dem, was das Leben uns bringt, nicht zufrieden. Wir sind unzufrieden, weil wir in der Tiefe wissen, dass wir göttliche Wesen sind, dass unser Leben Harmonie, Liebe, Freude und Glücklichsein bedeutet. Dahin sollen wir geführt werden. Das bedeutet letztlich Kampf mit uns selbst, um alles abzulegen, was das Schöne, Gute und Edle überlagert.

Schauen wir genau hin, dann erkennen wir, was zu ändern wäre, nämlich: unsere Einstellung dem Leben gegenüber. Haben wir uns aufgemacht, unser Leben in die Hand zu nehmen und mit der Kraft des Christus Gottes zu bemeistern, dann werden wir auch die Ursachen, die das Schicksal bilden, richtig erkennen und sie nun als Wirkung tragen. Wir werden nicht mehr so ohne weiteres unsere Empfindungen, Gedanken und Worte ausschwingen lassen, weil wir gelernt haben, dass jede Ursache ihre Wirkung hat und dass alles, was nicht gesühnt ist, auf uns zurückkommt.

Verlieren wir keine Zeit mit Selbstmitleid, sondern packen wir unser Leben an – dann erfahren wir, dass Christus, das Leben, Gott, die heilige Kraft, uns beisteht.

Wollen wir ungestört leben, dann müssen wir zuerst das Geistige, unser urewiges Wesen, erkennen. Unser nächster Schritt, um glücklich und zufrieden zu werden, wäre sodann, mit dem ewigen Geist, dem unbelastbaren Sein der Seele, in Harmonie zu gelangen. Dann erst werden wir zum Beherrscher unserer Empfindungen und Gedanken, Worte und Werke, Neigungen, Leidenschaften und Triebe.

Wenn wir die Umstände nicht beherrschen, dann werden wir von ihnen beherrscht. Füllen wir aber unser Bewusstsein, unser Gefäß, ganz mit dem Bestreben, Gott näherzukommen, so wird allmählich nichts Negatives mehr darin Platz finden.

Solange wir in unserem Nächsten den Verursacher unserer Leiden und Schicksale sehen, glauben wir, der Feind wäre außerhalb von uns, in Wirklichkeit ist der Feind in uns. Wir sind es selbst, und es sind unsere Gedanken, Worte und Werke, die dem Freund in uns, dem helfenden und heilenden Geist, dem Gesetz, feindlich gegenüberstehen. Der Feind also, den wir fürchten, sind wir selbst.

## *Furcht verdrängt helfende Kräfte und zieht Übel herbei*

Furcht und mangelnder Glaube gehen Hand in Hand; das eine bedingt das andere.

Sagen Sie mir, wie groß Ihre Furcht ist, und ich sage Ihnen, wie gering Ihr Glaube ist.

Die furchtsamen Menschen laden geradezu das ein, wovor sie sich fürchten. Wir selbst verleihen der Furcht die Möglichkeit, jeden Muskel unseres Körpers zu lähmen, den Blutumlauf zu beeinflussen und somit die gesunde Funktion unseres Körpers zu stören.

Wäre es uns stets bewusst, dass wir durch unsere Furcht die helfenden und heilenden Kräfte, die uns beistehen und uns heilen möchten, geradezu abdrängen und das Übel und Verderben herbeirufen, so würden wir das Einzige tun, das helfen kann: von einem zum anderen Augenblick umdenken, unseren Glauben stärken und festigen, um ein unerschütterliches Vertrauen zu Dem zu gewinnen, der gesagt hat: »Mir ist gegeben alle Macht im Himmel und auf Erden«.

Wir sollten der inneren Macht Tür und Tor öffnen, dem Gesetz Gottes, der ewigen Liebe und Harmonie.

## *Das Innere des Menschen prägt sein Äußeres und umgekehrt*

Geiz, Eifersucht, Bosheit, Ärger, das beständige »Bekritteln« unseres Nächsten, all das wirkt, je nach seiner Intensität und wie oft es gedacht wird, aufreibend und schwächend, ja sogar störend auf unseren Organismus ein.

Diese Disharmonien wirken sich auch im Äußeren aus. So wie es in seinem Inneren bestellt ist, so ist der Mensch im Äußeren. Dunkle Wolken umhüllen den von Geiz und Eifersucht geplagten Menschen, der seine Bosheiten und seinen Ärger in die Welt projiziert. So wie er denkt, so lebt er, so ist auch sein Äußeres beschaffen, seine Haut, seine Gesichtszüge und seine Kleidung. Oft bricht er schon im mittleren Lebensalter in sich zusammen und ist ein gealterter Mensch. Hingegen ist ein geistiger Mensch elastisch, seine Körperhaltung ist aufrecht, und sein Gang zeugt von jugendlicher Frische. Daraus lässt sich schließen, dass diese

Seele in der geistigen Entwicklung und Entfaltung ihres Selbst begriffen ist und sich zur ewigen Jugend des Geistes emporschwingt. Obwohl die Haut und der ganze Körper welken, ist das Gesicht geprägt von den feinen Zügen einer zur Geistigkeit erwachten Seele.

Die Kleidung eines geistig ausgerichteten Menschen ist sauber, in Farben und Formen harmonisch und ausgewogen; sie unterstreicht das Wesen des Inneren, denn das Äußere prägt das Innere und das Innere das Äußere.

Wollen wir die ewige Jugend der Seele und wahre Geistigkeit erlangen, dann müssen wir auf unsere Gedankenwelt achten. Die Gestaltung unseres Lebens ist von unseren Empfindungen und Gedanken abhängig. Entsprechend unserer Denk- und Handlungsweise machen wir aus unserem Körper entweder bewusst einen Tempel des Heiligen Geistes oder aber eine Müllhalde, auf der sich der Unrat menschlichen Ichs auftürmt und uns nicht mehr das Licht, den Frieden, die Harmonie und Liebe schauen lässt.

## *Edle, selbstlose Gedanken wecken das Göttliche in jedem*

Schon unseren Kindern sollte gezeigt werden, was unsere Denkgewohnheiten hervorrufen. Sie sollten früh erfahren, dass reine und edle Gedanken einen starken Schutzwall gegen Krankheit und eigene Versklavung bilden. Wir sollten unsere Kinder lehren, unharmonische Empfindungen und alle Gedanken an Furcht und Tod, an Krankheit, an Hass, Geiz, Bosheit, Neid und übertriebene Sinnlichkeit zu meiden und so über all diese Übel, welche die Menschheit plagen, hinwegzukommen.

Auch sollte uns klar werden – und diese Erkenntnisse sollten schon dem Kleinkind mitgeteilt werden –, dass edle Gedanken den Körper gesund erhalten und den Menschen von innen heraus neu gestalten. Es sollte uns klar werden, dass Krankheiten, unedle Gedanken und schlechte Sitten auch von falscher Ernährung – z.B. von vielem Fleischgenuss – kommen können.

Um in jedem Menschen das Göttliche, das Gute, zu erkennen und auch zu wecken, müssen wir selbstlos werden. Wir müssen die uns beherrschenden selbstsüchtigen, ichbezogenen Triebe vom Baum des Lebens, vom Baum der Erkenntnis, trennen. Der Selbstsüchtige ist ein Unwissender, der Weise dagegen ein Wissender, der nichts für sich selbst will, sondern Gutes für alle anstrebt.

Ein wahrer Weiser lebt und erweist sich als Kind Gottes. Gott spricht und antwortet durch ihn. Durch solche erleuchteten Menschen strahlt Gottes Licht und bewirkt die Erleuchtung anderer Menschen. Wenn aber das Satanische im Menschen die Herrschaft gewinnt, so spricht das Satanische zum Menschen und durch den Menschen und prägt durch ihn die Umwelt.

Viele sagen: Ich sehe nichts Gutes oder gar Göttliches an den Menschen. Ein solcher Beobachter sieht nur auf den Menschen, die Hülle, und hat nicht die Gabe, das Tiefe in des Menschen Seele zu erkennen, das ewig Reine, den Geist Gottes.

Wir müssen uns bewusst sein, dass Gott sich nur von einem wahren Weisen erkennen lässt, einem Menschen, der dem göttlichen Einströmen zugewandt ist. Betrachten wir das Leben des Jesus von Nazareth, so wird uns deutlich, dass Er im Menschen immer das Gute sah und es bejahte. Er hielt sich unter dem Volk auf und war in allen Volksschichten zu Hause. Er verkehrte gerade mit den Zöllnern und Sündern, aß mit ihnen, weil er in allen das Vollkommene, das Göttliche, die Liebe des Vaters, schaute. Die Schriftgelehrten und Pharisäer verurteilten Ihn deshalb, indem sie sprachen: »Er umgibt sich mit den Zöllnern und Sündern, somit ist Er nicht besser als diese«. Doch Jesus wusste, dass auch im Zöllner und Sünder das Gute zu entwickeln ist. Und so kam durch Ihn das Licht zu ihnen, um sie anzustrahlen und zu erwecken.

Deshalb sollten auch wir keine Unterschiede machen, einerlei was der Mensch auch im

Äußeren ist. Im Inneren ist er ein Kind Gottes, in ihm ist das Göttliche, das Reine und Gute, wie in dir und auch in mir.

## *Je mehr Liebe wir geben, desto mehr kommt auf uns zurück*

Wenn unser Herz, unser Inneres, Liebe empfindet zu allen, mit denen wir in Berührung kommen, so berühren wir sie mit Liebe. Derselbe Strom der Liebe, den wir aussenden, kommt früher oder später von ihnen zu uns zurück.

Es gibt ein allumfassendes Gesetz: Wenn wir Menschen von allen Menschen und Wesen geliebt sein wollen, müssen zuerst wir alle unsere Mitmenschen, alles Sein, lieben. In dem Maße, wie wir lieben, werden auch wir geliebt werden. Nur durch Licht kann weiteres Licht entzündet werden.

Der dieses Licht gab und ohne Unterlass gibt und alle Menschen, alles Sein, speist, ist Der, der die Liebe selbst ist, Gott, das Leben. So wunderbar und feingewoben sind Gottes Gesetze!

Daraus ersehen wir die allumfassenden, ineinanderwirkenden Gesetzmäßigkeiten Gottes, des All-Einen: je mehr Liebe wir ausstrahlen und geben, umso mehr Liebe kommt auf uns zurück. Wer wahrhaft liebt, der erfüllt die Gesetze der Liebe und gelangt zu dem allwaltenden Gesetz, in dem er wahre Ruhe findet.

Die Liebe ist die Trägerin der Weltall-Harmonie. Wer Liebe aussendet, nimmt zugleich Einfluss auf seinen eigenen Körper und wird sodann vom Geist der Liebe durchdrungen. Die Liebe und die ihr verwandten Empfindungen sind unser wahres Leben. Sie bringt uns mit dem Willen Gottes, mit Seiner Weisheit, mit Seinem Ernst, mit Seiner Geduld und Barmherzigkeit in Verbindung.

Wenn wir unermüdlich Hass mit Liebe erwidern, wird einst unser unerbittlicher Feind zu unserem Freund werden. Auch können wir auf diese Weise einem hasserfüllten Menschen, der uns feindselig gegenübersteht, zur inneren Kraft verhelfen, da die von uns ausgehende Liebe in seine Aura strömt und nach ehernen Gesetzmäßigkeiten von seiner Seele aufgenommen wird. Der wahre Weise und Erleuchtete betrachtet niemanden als seinen Feind.

## *Liebe ist die stärkste Kraft – Wissen allein bringt keine Weisheit – Durch Verwirklichung in Harmonie mit Gott*

Liebe ist die stärkste Kraft. Sie sucht sich machtvoll einen Weg, damit der Mensch sie verwirklicht.

Es verhält sich mit der Liebe wie mit dem Licht: Ein kleiner Strahl vermag einen weiten Raum zu erhellen. Je größer der Strahl ist, umso lichter und heller wird es im Raum, und er strahlt hinaus für viele.

Gott ist der Geist unbegrenzter, unendlicher Liebe. Je mehr wir Gott lieben, umso näher kommen wir Gott.

Wer auf dem Pfad der Liebe fortgeschritten ist, wird nichts für sich selbst behalten. Er ist ein Kanal göttlicher Liebe, durch den unaufhörlich das Leben strömt, um sich weiter zu verschenken.

Wer nur für sich selbst lebt und glaubt, für sich selbst alles gewinnen und behalten zu müssen, führt ein eingeengtes, verkümmertes Leben, weil er am großen Leben und an der Errettung der Menschheit keinen Anteil nimmt.

Wer jedoch in Demut den Dienst am Nächsten versieht, ohne zu fragen, warum und wozu, ohne auf Dank und Anerkennung zu warten, der erhält tausendfache Bereicherung und erlangt innere Freude, Zufriedenheit und Glück – die höchsten Werte, die die Liebe verschenkt, denn darin verschenkt sie sich selbst.

Haben wir gelernt, in rechter Weise zu lieben, erlangen wir auch göttliche Weisheit, denn Gott ist Liebe und Weisheit. Dann ertönt in uns die Stimme der Seele licht und klar, die Stimme Gottes, die uns zur inneren Leuchte und zum inneren Führer wird.

Durch die Liebe zu Gott finden wir zur höchsten Weisheit. Die Weisheit Gottes ist von anderer Natur und viel höher als Wissen, denn das Wissen, auch das geistige Wissen, allein bringt uns noch keine Weisheit.

Weise wird der, der die Erfüllung der Gesetze anstrebt und sich dadurch zum höheren Leben, zur Harmonie mit dem Absoluten, emporschwingt.

Wer wahre Weisheit erlangen möchte, der muss jeglichen Hochmut, das begrenzende kleine Ich ablegen und bedingungslos zum Kind des Allerhöchsten werden. Auch wenn wir Wissen haben, werden wir so lange auf der Suche nach Liebe und Weisheit sein, bis wir uns emporschwingen und das verwirklichen, was wir wissen.

Viele meinen, bei einem bestimmten Menschen oder in einem bestimmten Buch die Weisheit zu finden und gar dadurch weise zu werden. Sie schauen nach außen, um das zu finden, was nur im Innersten zu suchen und zu erfahren ist: die Liebe und Weisheit Gottes. Das Licht der inneren Wahrheit und Weisheit wird in uns nur dann verstärkt brennen, wenn wir erfüllen, was wir uns angelesen oder angehört haben. Durch Lesen und Hören allein werden wir nicht zur inneren Wahrheit finden, niemals weise werden und auch niemals in die All-Einheit und Allharmonie mit dem Absoluten gelangen. Nur durch Verwirklichung der Gesetze Gottes finden wir Zugang zum All-Einen und gelangen mit dem ewigen Gesetz in Harmonie.

Wer Gottes Allmacht und Liebe anstrebt, der erfülle Seine Gesetze, veredle seine Sinne, reinige seine Seele und richte sein Leben auf die All-Weisheit und Liebe aus. Dann wird er in die absolute Einheit mit dem unendlichen Geist finden und so in Harmonie mit dem allumfassenden und höchsten Bewusstsein leben, mit Gott, der die Harmonie der Unendlichkeit ist.

# III.

# Gedanken und Erkenntnisse für den Wanderer auf dem Inneren Weg

## *Was ist der Sinn des Lebens? – Überwindung des eigenen Ichs anstatt Verurteilung des Nächsten*

Der suchende Mensch stößt immer wieder auf die Frage: Wozu leben wir?

Um den Sinn unseres Lebens richtig erfassen zu können, müssen wir letzten Endes auf uns selbst blicken. Wir müssen uns fragen: Weshalb sind wir auf dieser Erde, und was sind wir?

Wir sind auf dieser Erde, um uns zu erkennen, wer wir sind: eingekleidete Geistwesen, die in der Lebensschule Erde ihr inneres Wesen, die Liebe, wieder entwickeln sollten.

Wir sind nicht hier, um über unseren Nächsten zu urteilen und über ihn zu reden, über ihn Geschichten und Geschichtchen zu erfinden, ihn abzuqualifizieren, um uns damit selbst aufzuwerten, sondern wir sind hier, um uns selbst zu erkennen, um an uns zu arbeiten, damit wir brauchbare Menschen werden, die selbstlos für ihr wahres Leben einstehen. Wir müssen endlich erkennen, dass das, was der Nächste tut, Gott angeht und nicht uns oder den Menschen, mit dem wir über dritte und vierte Personen sprechen.

Wir leben, um wieder zu unserem Ursprung zurückzukehren, zu der Quelle ewiger Liebe, um wieder eins mit unserem Gott, dem Allmächtigen, zu werden. Deshalb müssen wir das höchste Gebot verwirklichen: die Liebe, welche die gesamte Schöpfung und alle Wesen umschließt, die Liebe, die das Gesetz, Gott, ist.

Wessen Liebe noch klein ist, der ist ständig bemüht, andere abzuwerten, sie als lieblos hinzustellen, weil er selbst wenig Liebe besitzt. Er kann dadurch nicht geben, sondern er möchte nehmen. Deshalb wertet er seine Mitmenschen ab, um sich damit aufzuwerten. Es ist ein übles Laster, dass wir Menschen immer wieder – meist negativ – über unsere Nächsten reden. Erst wenn wir erkennen: Was der Nächste tut, betrifft einzig Gott und Sein Kind, nicht uns, die wir selbst belastet sind und somit Fehler haben, werden wir dies bei uns selbst abstellen können.

Wir sollten uns jeden Augenblick fragen: Wie wäre es mir zumute, wenn mein Nachbar oder mein Arbeitskollege über mich negativ sprechen und mich, sooft ich ihnen begegne, abwerten? Was ich nicht will, das man mir tut, das soll ich auch keinem anderen zufügen. Diese Worte haben eine tiefe Bedeutung auch im Geistigen.

Jeder Einzelne muss lernen, sich selbst zu besiegen, um die Seele von den Fesseln des persönlichen, niederen Ichs zu befreien.

Deshalb nützt es nichts, über Zweite und Dritte zu urteilen. Das ist nicht gesetzmäßig und birgt in sich eine Belastung für den, der über seinen Nächsten negativ spricht.

Erkenne: Was du deinem Nächsten andichtest, Gleiches oder Ähnliches liegt in dir selbst vor.

Wer auf seine Nächsten blickt und über diese urteilt, der ist nur darauf bedacht, für sein Reden und Tun Lohn, Dank und Anerkennung zu erhalten. Solange wir nur unsere Geltungstriebe, unsere Gefallsucht, unser niederes Ich bestätigt haben wollen, sind wir nicht reif, ein wahrer Diener der Menschheit zu werden.

Ein solches Dienen und Helfen ist ein erbärmliches Tauschgeschäft: Wir geben und sind, während wir geben, schon auf Empfang, auf Nehmen eingestellt. Wir können dann keinen Lohn von Gott erwarten, da wir schon von den Menschen belohnt wurden.

Wer selbstlos dienen und helfen möchte, der muss vorab sein geringes Ich erkannt und weitgehend abgetragen haben und seinen Nächsten so annehmen, wie er ist. Das ist nur möglich, wenn er in seinen Mitmenschen das Reine und Gute schaut und nicht nur auf ihre Fehler blickt.

## *Bücherwissen allein stillt den Hunger nach Wahrheit nicht – nur die Verwirklichung*

Mancher hat viel Bücherwissen und kann in sich die Register ziehen, je nachdem, welche Frage ihm gestellt wird. Doch ob er verwirklicht hat, erkennt der wahre Weise daran, ob der, der antwortet, viel spricht und sein Wissen darstellt, ob er aus seinem Wissensschatz heraus sprudelt und den Fragenden mit geistigem Wissen so überhäuft, dass dieser desinteressiert wird, oder ob er auf die Frage seines Mitmenschen eine klare, kurze Antwort geben kann.

Daher ist Bücherlesen allein nicht der Weg, um die Meisterschaft über unser niederes Ich zu erlangen.

So, wie man durch den Anblick einer Speise nicht satt und kräftig wird, sondern sie erst zu sich nehmen und richtig verdauen muss, so ist es auch mit der seelisch-geistigen Nahrung, die den nach Wahrheit hungernden Menschen und Seelen in Büchern dargeboten wird: Wir müssen die geistige Speise – entsprechend den himmlischen Gesetzen – zuerst verwirklichen, dann empfangen Seele und Mensch die wahre, innere Nahrung. Die Seelenspeise kann nur in der Verwirklichung der empfangenen Lehren und Unterweisungen aufgenommen werden. Wer nicht richtig lebt, kann auch nicht richtig geben; und wer nicht richtig geben kann, der ist kein wahrer Diener der Menschheit.

Wenn wir in unserem Leben noch so viele Bücher gelesen und Weisheiten daraus entnommen haben und wenn wir auch mit wahren Weisen und Erleuchteten zusammenwohnen, so werden wir dennoch nicht weise und erleuchtet werden. Wir bleiben so lange suchend und unerleuchtet, bis wir das Wissen umsetzen, es verwirklichen und dadurch die Erfüllung der heiligen Gesetze erlangen. Daraus ergibt sich wahre Weisheit und selbstlose Liebe.

## *Die menschliche Liebe und die wahre, göttliche Liebe*

Wahre Liebe ist ohne äußere Gebärden. Sie ist ein inneres Strömenlassen. Von innen her sollen die Kräfte der selbstlosen Liebe und des Wohlwollens zum Nächsten strömen. Händeschütteln und Umarmen mit vielen Worten der Liebe und Zuneigung ist menschliche Liebe, sie ist überschwänglich.

Auf dem Weg zur Gottheit werden wir erkennen, dass die in uns erwachende, wahre Liebe nicht überschwänglich ist. Sie bewirkt tiefe innere Freude, Aufgeschlossenheit und Verbundenheit mit dem Nächsten. Die wahre und deshalb göttliche Liebe prahlt nicht, sie ist zurückhaltend und abwartend, verschenkt sich jedoch allezeit, wo es notwendig und angebracht ist.

Deshalb werden die wahren geistig Wissenden oft als kalt, lieblos und hart bezeichnet, weil sie nicht die überschwängliche Liebe, die menschliche Liebe, pflegen, sondern die selbstlose Liebe, die von innen heraus strömt und sich mit dem Innersten im Nächsten vereint.

Wir dürfen unserem Nächsten keinen Zwang auferlegen, auch nicht durch überschwängliche menschliche Liebe. Viele glauben, mit Liebe ihren Nächsten überzeugen und damit fesseln zu können. Das bedeutet aber, die Liebe zu missbrauchen. Jeder Mensch hat seinen freien Willen und soll seinen freien Willen behalten.

Liebe ist eine Macht, die ohne viele Worte und Gesten in die willige und suchende Seele einströmt. Die Liebe zu Gott und zu unserem Nächsten hat nichts gemein mit den aufwallenden und überschäumenden Gebärden, die der Mensch gewohnt ist, als Liebe zu bezeichnen.

Die erwachende innere Liebe ist die sich verströmende Gotteskraft, die den Menschen in die innere Stille führt. Die innere Liebe ist eine ruhige, sich hingebende Zuwendung, ein tiefes Verstehen für den Nächsten.

Diese wahre Liebe, die der in sich eingekehrte, wahre Erleuchtete besitzt, ist nicht die überschwängliche Liebe, die der nach außen gekehrte Mensch gerne erfahren möchte. Die überschwängliche Liebe ist menschlich und zeugt nicht von tiefer Erkenntnis und göttlicher Weisheit.

Die Liebe zu Gott und zum Nächsten heißt: sich hineindenken in den Mitmenschen und ihm schweigend Gutes und Liebes wünschen.

Die Liebe und Weisheit Gottes ist eine geistige Kraft, die den wahren zu Gott Strebenden Einsicht, Gleichmaß, Harmonie, Liebe und Frieden verleiht. Das irdische Leben ist eine Schule der göttlichen Liebe und Weisheit. Wer diese Schule erfolgreich beendet, hat den Zweck seines Erdenlebens erfüllt.

Ohne die Verwirklichung werden wir niemals die innere Erfüllung erlangen und den inneren Frieden spüren, der uns wie auf Adlers Flügeln zu höheren Gefilden trägt.

Auf dem Weg zum Göttlichen heißt es: Wir lernen durch Leben, und wir leben, um zu lernen. Wer wahrhaft lernt, der lebt auch wahrhaft. Und wer wahrhaft lebt, der lernt wahrhaft. Er wandert sodann hinein zu seinem Innengott, der dem unermüdlich Strebenden alles zu geben vermag. Der Zweck unseres Erdenlebens ist, wieder zur inneren Liebe zu werden.

Wer das Erkannte nicht verwirklicht, der belastet sich nur mit seinem Wissen. Er besitzt dann wohl viel nutzloses Wissen, aber dennoch wenig Liebe und keine wahre Weisheit. Er bleibt trotz allem weit entfernt von der inneren Liebe, der göttlichen Harmonie, dem ewigen Frieden und der wahren Seligkeit.

Wenn der Mensch den Zweck seines Lebens in Essen, Trinken, Schlafen und in der Befriedigung der sinnlichen Gelüste sieht, ist er wahrlich ein geistig Blinder und ein Tor, ohne es zu wissen. Er ist an die Kette der niederen Natur gebunden und gefangen von all dem, was von außen an ihn herantritt und ihn bestimmt.

Liebe ist die größte Macht im Universum. Sie durchströmt alle Lebensformen. Wir sollten die Schönheiten Gottes in allem erkennen und, von Dankbarkeit, Ehrfurcht, Liebe und Bewunderung erfüllt, alles in uns aufnehmen. Dann erleben wir jeden Augenblick unbeschreibliche, tiefe geistige Geschehnisse um und auch in uns. Dabei stirbt unser allzu menschliches Ich, und das Innere, das »Es Werde«, die Größe unseres ewigen Selbst, tritt hervor.

## *Unser Ich muss sterben, damit wir das Leben erlangen*

Unsere Neigungen und Triebe müssen sterben, auf dass wir das Leben erlangen. Dafür müssen wir alle unseren Tribut leisten, indem wir uns jeden Augenblick betrachten und an uns selbst das Maß ansetzen. Erst dann wird unsere Seele erwachen und zum Lichte der Selbsterkenntnis und der Wahrheit gelangen.

Das Sterben unseres menschlichen Ichs aber ist zugleich die Geburt unserer Seele in der göttlichen Welt, die undenkbar größer und herrlicher ist als alle außerhalb der Himmelstore befindlichen Reiche.

In vielen Menschen ist noch die Furcht vor dem leiblichen Tod. Jeder jedoch, der den Weg zum Licht und zum Leben erkennt und ihn geht, weiß: Was von uns abstirbt, ist nur die irdische Hülle, die aus der Erde entstanden ist und wieder zur Erde zurückkehrt.

Der wahre Weise hat daher die Furcht vor dem Tod überwunden mit der Kraft der Erkenntnis und Verwirklichung, mit der Kraft der Liebe. Nur der an die Materie Gebundene sieht den Tod als Grauen, da er glaubt, dass sein Körper das Leben sei.

## *Die Seele, das Schicksalsbuch unseres Lebens – Wie der Mensch gelebt hat, so lebt die Seele weiter*

Die Seele ist das Schicksalsbuch unseres Lebens. Jeden Augenblick werden die Resultate unserer Empfindungen und Gedanken in ihren geistigen Partikeln aufgezeichnet, alles, was der Mensch empfindet, denkt, spricht oder tut. Wir sollten uns bewusst sein, dass keine einzige Schwingung verloren geht.

Mit unserem letzten Atemzug wird das Schicksalsbuch der Seele abgeschlossen. Es zeigt sodann in klarer Weise den Verlust oder den Gewinn auf, den die Seele während ihres Aufenthaltes im Körper gespeichert hat.

Alle unsere anerzogenen Eigenschaften, unsere Charakterstärken und -schwächen, alles nimmt die Seele mit in das Jenseits. Auch was nicht gesühnt und vergeben ist, nimmt die Seele, das Buch des Lebens, mit an den Ort, den sie im Leben durch ihr Denken, Fühlen, Wollen, Reden und Handeln selbst bestimmt hat.

Keiner weiß den Tag und die Stunde, da die Seele ihren Leib ablegt und dann alles, was sie einst im Leben an Lauterkeit oder Unschönem aussäte, mit hinübernimmt.

Selig kann sich der schätzen, dessen Guthaben in seinem Lebensbuch größer ist als seine Schuld.

Ist unsere Seele, das Buch des Lebens, von den Kräften der selbstlosen Liebe durchdrungen, sind die negativen Eigenschaften nur gering, dann werden wir den physischen Tod als den Befreier der Seele betrachten, die sich nun von den Ketten der irdischen Daseinsform lösen darf.

Der wahre Weise, der im Lichte der Gottheit Lebende, wird den Tod lieben und begrüßen, wenn er zur rechten Zeit zu ihm kommt und seine Seele vom irdischen Gefährt entbindet.

Die Seele verlegt beim Übergang in die jenseitigen Reiche nur ihr Tätigkeitsfeld an einen anderen Aufenthaltsort. Ihr Wesen jedoch bleibt dasselbe. So lebt die unreife und unerwachte Seele dort in einem unbewussten, traumhaften Zustand. Sie glaubt teilweise, noch Mensch zu sein, und handelt, denkt und lebt, wie sie einst als Mensch dachte, handelte und lebte. Die erleuchtete Seele hingegen lebt in einem beständigen Bewusstsein der Erkenntnis der Dinge und Geschicke des Lebens.

Viele Menschen fragen, was sie in den Vorleben waren und ob ihre Belastung und ihr Schicksal von den Vorleben bestimmt ist. Wir sollten nicht ergründen wollen, was wir in unseren früheren Tagen verursacht haben, z.B. ob wir in den Vorinkarnationen reich oder arm waren, ob wir Herrscher oder Untergebene waren. Entscheidend ist, was wir jetzt denken und tun. Das allein ist maßgebend und wichtig.

Wir sind in dieses Leben gestellt, um das zu bemeistern, was wir jetzt erkennen, nicht, um zu fragen, was gestern war oder morgen sein wird.

Unser Morgen und Übermorgen hängen einzig und allein von unserem Heute ab. Wie wir heute empfinden, denken und wirken, das allein hat Wert. Das allein wirkt gestaltend auf unser derzeitiges Leben ein.

Die Geburt enthält schon das Sterben. Wer sich das vergegenwärtigt, der wird bewusst leben. Wir sollten also erkennen, dass jeder ungenützte oder missbrauchte Augenblick wahrlich ein verlorener Schatz ist. Ebenso sind jeder unnütze oder negative Gedanke, jede unfruchtbare Tat und jedes unnötige Wort vergeudete Kraft.

Der Tod ist nur der Übergang in eine andere Daseinsform. Wir sind nicht mehr Mensch, sondern Seele. Unser feinstofflicher Körper befindet sich in einem anderen Aggregatzustand, der mit den irdischen Augen nicht zu sehen ist.

Wir können uns das Leben der Seele in den jenseitigen Bereichen nicht vorstellen. Dort besteht ein wesentlicher Unterschied zwischen dem Leben derer, die geistig unerwacht hinübergehen, und dem Leben der Seelen, die ein höheres Bewusstsein mitbringen.

So wie wir in unseren Träumen glauben, tätig zu sein und es doch nicht sind, geht es auch der unerwachten und unerleuchteten Seele im Jenseits: Ihre Tätigkeit ist nicht wirklich. Wie im Traumleben glaubt sie, dies und jenes durchzuführen, und doch ist es nur Traum, nicht Realität. Sie lebt immer noch in ihrer ehemaligen menschlichen Gedankenwelt, nun in einer Traumwelt. So wie wir Menschen für unser Traumleben nicht zur Verantwortung gezogen und nicht bestraft werden können, ist es auch mit der unerwachten Seele. Sie kann für ihr Traumleben, für das, was sie in einer Art Traumzustand ausführt, nicht zur Verantwortung gezogen werden. Daher schafft sich die unerwachte und unerleuchtete Seele kein neues Schicksal. Hat sie in den jenseitigen Bereichen nichts erkannt und verwirklicht, dann bringt sie ihr Schicksalsbuch unverändert wieder mit auf die Erde, in eine weitere Inkarnation.

Deshalb sollten wir uns unermüdlich anstrengen, unsere Seele auf ein geistig hohes Niveau zu führen, indem wir uns keinen Augenblick gehenlassen, sondern uns ständig bemühen, uns zu veredeln.

Die erwachte Seele wird sich in den jenseitigen Bereichen mit höheren Idealen und Werten beschäftigen. Eine reife Seele kann, je nach ihrer Veranlagung, von dem Reich Gottes als Sendbote, Führer oder Helfer und Lehrer erwählt und gebraucht werden.

Was wir hier auf Erden an Gutem tun, das ist die Frucht unseres Lebens, das sind die Errungenschaften im irdischen Dasein, das ist auch das Reisegut unserer Seele. Voraussetzung ist jedoch, dass wir das Gute selbstlos tun und keine Erwartungshaltung haben. Wir sollen kein Lob und keinen Dank erwarten.

Wir müssen erkennen, dass wir durch den Tod nicht wissend werden und unsere Laster sich nicht in Tugenden verwandeln – so wie man durch das Bereisen eines fremden Landes nicht von einem zum anderen Tag seine Eigenschaften, Gewohnheiten und Neigungen ändert oder durch das Betrachten einer Skulptur kein Bildhauer und durch die Betrachtung einer Klinik kein Arzt wird.

Wer nicht durch ein lauteres Leben die innere Heimat, das Reich Gottes, in sich erschließt, der wird als Seele in ein fremdes Land einkehren und sich dort nicht wohlfühlen. Wer jedoch als Mensch schon die innere Heimat erschlossen hat, wird als Seele bewusst in die Reiche jenseits der grobstofflichen Welt gehen. Er fühlt sich dort zu Hause, da er schon bei den Seelenwanderungen, das heißt des Nachts, wenn der Körper schläft und die Seele ihr Haus verlässt, sich dort umgesehen und die dortigen Verhältnisse kennengelernt hat. So, wie die Seele auf Erden gelebt und welches geistige Vermögen sie errungen hat, wird sie auch im Jenseits wirken.

Deshalb gilt: Nicht das Wissen führt uns weiter, sondern nur die Verwirklichung führt uns in die geistige, göttliche Evolution, zur inneren Erleuchtung und Verwandlung unserer Seele.

Unser irdisches Leben ist ein Acker für das jenseitige Leben. Was wir hier auf unseren Acker gesät haben, das allein werden wir ernten. Wir müssen also die Mauern unseres menschlichen Ichs und den Kerker unserer niederen Natur niederreißen und unsere Seele von ihren Fesseln befreien, damit wir die Erkenntnis unserer Unsterblichkeit und der wahren Heimat in uns erlangen. Wer keine geistige Auferstehung vollbringt, der bleibt unter den geistig Toten. Er lebt wohl weiter, ohne jedoch lebendig zu sein.

## *Gottes Fingerzeige im Menschenleben*

Gott ruft uns jeden Augenblick. Er ermahnt uns über das Gewissen, über Menschen, die uns begegnen und uns Dinge sagen, die uns oft nicht angenehm sind. Wer dabei nicht gleich seinen Nächsten verurteilt und aufbegehrt, sondern dies als Mahnung annimmt und sein Leben ändert, der muss seinem Schicksal nicht begegnen.

Oft hört die eingekerkerte Seele den Ruf Gottes, doch der Mensch hört das Verlangen der Seele nicht, weil sein Denken, Sinnen und Trachten mehr in der grobstofflichen als in der feinstofflichen Welt ist.

Unser Herr und Vater gibt jedem Menschen sehr oft die Möglichkeit zur Einsicht und Umkehr. So sind eine unliebsame Begebenheit, eine harmlose Autopanne oder die Erkenntnis, einer Gefahr entronnen zu sein, Fingerzeige Gottes.

Wenn Nöte und Sorgen, Krankheiten oder das Hinscheiden eines geliebten Menschen über uns hereinbrechen, so sind dies für uns immer wieder Ermahnungen und Fingerzeige Gottes, die uns zur Umkehr und Einkehr mahnen und unser selbstgeschaffenes Schicksal sind. Wer sie erkennt und richtig zu deuten lernt, der wird in sich zum wahren Leben erwachen und erkennen, dass er nicht von dieser Welt ist, sondern in dieser Welt lebt, um sein Denken, Reden und Handeln zu vergeistigen.

Erkennt der Mensch, weshalb er auf dieser Erde ist, dann spürt er das Wachwerden der Seele, die beständig nach geistigem Leben, nach reiner Liebe, nach Schönheit, Harmonie und nach Verfeinerung der Sinne verlangt.

Bemüht sich der Mensch, diese göttlichen Prinzipien anzustreben und zu verwirklichen, dann beginnt das Innere das Äußere zu prägen. Die sich veredelnde Seele bringt im Menschen hohe Charaktereigenschaften, Güte und selbstlose Liebe hervor. Die innere Liebe und göttliche Weisheit öffnet die Augen der Seele für die innere Wahrheit und lässt sie überall die waltende Liebe und Weisheit Gottes suchen und schauen und die Schönheit, das göttliche Licht, finden.

Der wahre Weise schaut hinter allen Formen, die nur vergängliche Schatten sind, die Schönheit des Geistes, die ewige Wahrheit. Er liebt und würdigt die Schönheit in jeder Form, aber er hängt nicht an ihr.

Das heißt, wir müssen nichts aufgeben, was wir in dieser Welt besitzen, wir müssen nichts lassen und uns als Bettler fühlen, aber wir sollen an dem, was wir besitzen, nicht hängen und es in rechter Weise einsetzen zum Wohle vieler.

## *Jeder kann so viel Wahrheit annehmen, wie sein Bewusstsein fassen kann*

Es gibt nur eine einzige Wahrheit, das ist die Gottheit. Es ist das Licht der Unendlichkeit.

Diese absolute Wahrheit ist in jedem von uns. Deshalb müssen wir uns in Gott versenken, indem wir in allen Lebensformen das Walten des Göttlichen erkennen; wir müssen die Gesetze verwirklichen, so dass wir unserer inneren Heimat zuwandern, um mit der ewigen Heimat vertraut zu werden.

Wer die Wahrheit sucht, wird sie nur finden, wenn er beginnt, die Gebote und Gesetze zu verwirklichen; dann wird er von ihr erfüllt werden.

Die Wahrheit gleicht der Sonne, von deren Licht und Wärme unzählige Geschöpfe leben. Kein Lebewesen kann die ewige Sonne in ihrer Größe und Fülle begreifen, erkennen und erfassen, sondern nur gemäß seinem Fassungs- und Bewusstseinsvermögen an- und aufnehmen.

Ebenso kann die Seele vom geistigen Licht nur so viele Strahlen empfangen und aufnehmen, wie sie entsprechend ihrer geistigen Entwicklung ertragen kann.

Die Wahrheit glänzt in unzähligen Facetten, aber nur der kann die mannigfachen Facetten der Wahrheit erkennen und deuten, der zu ihr gefunden hat.

Viele sagen: »Dies oder jenes ist nicht die Wahrheit, das entspricht nicht der Realität.« Warum? Weil sie nur eine Facette anerkennen und die anderen nicht zu deuten verstehen.

Selten jedoch gesteht sich ein Mensch ein, dass sein Bewusstsein die noch tieferen Weisheiten Gottes nicht erfassen kann, dass er die unzähligen Facetten noch gar nicht erahnen und deshalb nicht verstehen kann, weil er eben nur eine Facette, einen Strahl der ewigen Wahrheit, verwirklicht hat.

Der Unwissende urteilt sehr schnell, weil er noch nicht in der Lage ist, sich für tiefere Wahrheiten zu öffnen. Jeder sieht die Wahrheit entsprechend seinem intellektuellen Denken und seiner eigenen Erfahrung. Oder er sieht sie entsprechend dem, was er sich selbst anerzogen hat, oder entsprechend seinem weniger oder mehr entwickelten Bewusstsein. So gilt zum Beispiel für den Säugling die Brust der Mutter als Wahrheit. Sie ist für ihn Wahrheit und Wirklichkeit. Für das Kleinkind ist es entweder die Eisenbahn oder die Puppe, für den Naturmenschen sind die Naturkräfte die Wahrheit und für den Heiden die Götzen. Der Wissenschaftler glaubt, die Naturgesetze wären die ganze Wahrheit; der Theologe denkt, seine Dogmen seien die Wahrheit; für den Bibelgläubigen ist der Buchstabe des Bibelwortes die Wahrheit; für den Künstler seine schöpferischen Einfälle und für den Philosophen die Ideen und Begriffe.

Das alles sind mehr oder weniger menschliche Bewusstseinsaspekte, Vorstellungen der Wahrheit, jedoch nicht die Wahrheit selbst. Aber der Mensch urteilt aus diesen Erkenntnisbereichen heraus. Wer jedoch in der Verwirklichung der ewigen Gesetze steht, wird nicht mehr aus diesen Bewusstseinsaspekten heraus sprechen, sondern er ahnt die innere Wahrheit und bemüht sich, selbstlos zu werden, frei zu fühlen und positiv zu denken.

Nur durch die Einkehr in das Innere, zu dem Königreich in uns, nur durch die Einswerdung mit dem Göttlichen erlangen wir Einblick in die unzähligen Facetten der inneren Wahrheit, um alles richtig zu sehen und einzuordnen.

Wir sehen also, dass viele aus ihrem eigenen Vorstellungsvermögen heraus urteilen. Das eingeengte Bewusstsein glaubt immer, es hätte die ganze Wahrheit. Viele dieser kleinen und großen relativen Wahrheiten sind im Grunde nur Schimmer, nur Funken aus der absoluten, ewigen Wahrheit. Die Wahrheit jedoch bleibt immer dieselbe; nur die Spiegel, die sie reflektieren oder wiedergeben, sind sehr verschieden.

Die ewige Wahrheit erscheint mannigfach und bleibt in ihrer Fülle unerfassbar. Für den wahren Erleuchteten jedoch wird sie in der reinen Seele schaubar, kann aber in Worten, die nur Symbole sind, nie in ihrer Ganzheit wiedergegeben werden.

Wer also behauptet, dass nur er die Wahrheit besitze, der täuscht sich gewaltig. Die allumfassende Wahrheit kann nur ein Gottmensch in seiner reinen Seele schauen, dort, wo sie in ihrer Ganzheit, für den Weltmenschen verborgen, liegt.

Selig der Mensch und die Seele, die in sich Liebe, Weisheit und Harmonie erweckt haben und lebendig erhalten! Sie werden vom ewigen Licht, von der ewigen Wahrheit, von dem universellen Geist, von Gott, beseelt und gesegnet sein.

## *Annehmen von Leid führt zu wahrer Demut, echtem Dienen und innerer Befreiung*

Alle Leidenschaften schaffen Leiden und werden uns immer wieder Leiden schaffen – nur die eine nicht: die selbstlose, opferfreudige Hingabe, die selbstlose Liebe. Wollen wir also nicht mehr leiden, so müssen wir alle niederen Leidenschaften aufgeben und nach dem Höchsten streben.

Der Kampf mit sich selbst ist für jeden unentbehrlich und unumgänglich, da alles, was die Seele in sich aufnahm, ausgeboren werden muss. So schmerzt jeder unserer negativen Gedanken, den die Seele einst aufnahm und der durch unsere Hinwendung zu Gott, unserem Herrn, zur Ausgeburt gelangt.

Viele sprechen vom Dienen. Wahres, selbstloses Dienen ist selbstlose, tiefe Demut. Sie kann nur durch Leiden erlangt werden. Im Sterben des niederen Ichs, im Sterben des Erdenverlangens erwacht wahre Demut und Geistigkeit – die Folge ist echtes Dienen.

Ein Kind wird normalerweise nicht ohne Schmerzen geboren. So müssen auch unsere niederen Neigungen, die der Seele entweichen, mit Schmerzen geboren werden. Erst dann sind wir fähig, sie zu erkennen und zu bereuen. Wer das Leid als Wirkung früherer Ursachen bejaht, wird diese dankbar annehmen und zuletzt in sich eine große Befreiung erfahren.

Die Dankbarkeit gegenüber Gott erhält durch das Annehmen von Schmerz und Leid ihre wahre Tiefe und Größe.

Nehmen wir, ohne zu klagen und zu murren, dankbar an, so wird uns Gott, der Herr, vieles abnehmen oder alles zum Positiven wenden, so es gut für unsere unsterbliche Seele ist.

## *Wahres Dienen ist ein freudiges selbstloses Weitergeben des Empfangenen*

Wahres Dienen bedeutet keine Knechtschaft, es ist keine Unterwürfigkeit, sondern ein Empfangen und Weitergeben, ein Erwerben und Schenken, ein Gewinnen und Verteilen.

Es bedeutet, eingegliedert zu sein in die große All-Einheit, in das Glück des geistigen Schenkens. Es ist Ausdruck wahrer Liebe und Zuneigung, die im Schenken aufblühen und sowohl den Gebenden als auch den Empfangenden einhüllen und zu höheren Schwingungsbereichen emportragen.

Dienen ist die große Freude der Menschen, die sich dem Göttlichen nähern. Selbstlose Liebe und selbstloses Dienen öffnen uns das Tor zur inneren Wahrheit und zur ewigen Freiheit. Wir sind auf Erden, um wieder göttlich zu werden, um wieder selbstlos zu dienen, denn

Gott dient jedem Menschen und allen Lebensformen.

Ohne geistige Erkenntnis und innere Reife, die im weiteren Verlauf zu selbstlosem Dienen führen, ist das Leben nur ein Vegetieren; das bedeutet den geistigen Tod. Nur durch rechtes, selbstloses Dienen am Nächsten finden wir zur göttlichen All-Einheit, die uns erfüllt und selig macht.

Wo nicht die Worte des Jesus von Nazareth anerkannt und verwirklicht werden – wie zum Beispiel »So jemand unter euch der Größte sein will, der sei euer aller Diener« –, wo noch Lohn und Belohnung verlangt werden und nach Anerkennung und Dank getrachtet wird, da wirkt nicht der allmächtige Geist. Der wahre Dienende findet seinen Lohn in sich selbst.

Wahres Dienen kennt keine Schranken zwischen Konfessionen und Rassen. Der wahre Diener erkennt in allen die Einheit und die Gemeinschaft in Gott. Der wahre Dienende schließt alle Wesen in sein Herz ein, denn er fühlt sich mit der ganzen Schöpfung, mit allem Sein, verbunden und eins.

Der in Gott Erwachte und Erleuchtete kennt keine heiligere Pflicht als das selbstlose Dienen. Erwacht in einem Menschen diese selbstlos dienende Eigenschaft nicht, dann kann er sicher sein, dass er nicht die unmittelbare Straße zur Gottheit beschritten hat, dass er noch in den Astralwelten sucht, wo viele Meinungen und Vorstellungen herrschen.

Das wahre Dienen ist zugleich ein Dank an Den, der der größte Diener aller Menschen und Wesen ist.

Wir meinen oft, Dienen bedeute auch, unsere Erkenntnisse darzulegen, das heißt viel darüber zu sprechen. Wir müssen lernen, Wesentliches vom Unwesentlichen zu unterscheiden. Viele Worte verderben meist mehr, als sie Gutes hervorbringen.

Mit einem liebevollen Wort, einem herzlichen Gruß, einem lieben Blick, einem kurzen Besuch oder einer herzlichen Ermunterung, mit einem Trost in aufrichtiger Anteilnahme und Fürsorge, mit einem warmen Händedruck oder mit einem stillen Gebet kann der wahrlich in sich Ruhende Freude und Lebensmut spenden. Was von Herzen kommt, wird auch in ein wundes Herz eindringen. Das ist wahre Demut.

## *Echte Hilfe nur aus innerer Weisheit und Liebe*

Jeder von uns wird einst erfahren, dass Weisheit und Liebe zwei gesetzmäßige Pole der göttlichen Weltall-Harmonie sind.

Die göttliche Weisheit ist die regulierende, alles erkennende, allgerechte und schaffende Kraft. Die göttliche Liebe ist die erhaltende Kraft, die den göttlichen Wesenheiten und Eigenschaften dient. Die göttliche Weisheit gibt uns die Richtlinien. Liebe und Weisheit lassen uns vieles erkennen und schützen uns vor den Täuschungen und Irrtümern, vor dem Missbrauch und der Vergeudung unserer inneren Kräfte.

Haben wir genügend göttliche Weisheit erlangt, dann erkennen wir die Menschen so, wie sie sind, nicht, wie sie sich geben. Keiner kann uns etwas vortäuschen. Wir schauen in die Tiefen des menschlichen Ichs und erkennen die Fehler und Schwächen unseres Nächsten. Wir wissen, ob sie uns gut oder böse gesinnt sind oder ob sie uns gleichgültig gegenüberstehen.

Die innere Weisheit gibt uns äußere Sicherheit. Sie zeigt uns über die Empfindung alle Gefahren, die uns auf dem Weg zur Absolutheit begegnen können. Nur durch die Liebe, die wir unserem ewigen Vater erweisen, kann die göttliche Weisheit geboren werden und in uns wachsen.

Wer ohne diese entwickelte Weisheit dienen möchte, der kann seinem Nächsten eventuell mehr Schaden zufügen, als ihm Gutes tun.

Wer nicht zur inneren Weisheit gefunden hat, wer nicht Liebe und Weisheit in sich regieren lässt, der sieht nicht auf den Grund der Leiden und Nöte des Menschen, der fischt nur in seichten Gewässern, dort, wo der Leidende und Schicksalsbehaftete lebt, nämlich im Selbstmitleid. Hilfe, die in Blindheit geleistet wird, kann keine echte Hilfe sein. Durch falsche Hilfestellungen kann oft der Schaden für die Seele noch größer werden, als er auf Grund der Wirkungen ist.

Der wahre Weise erkennt genau den Unterschied zwischen wahrer und falscher Demut, zwischen wahrer Liebe und geheuchelter Liebe.

Die Weisheit entwickelt alle schöpferischen Seelenkräfte und Tugenden. Die Liebe ist das Herz, das alles bewahrt und das sich in allem verströmt. Liebe und Weisheit sollten unser Wanderstab zum ewigen Selbst sein. Wenn wir damit, dem Inneren Leben, ausgerüstet sind, dann werden unsere Taten und Werke selbstlos sein, und wir werden zu dem Reich Gottes in uns mutig und opferfreudig weiterschreiten.

## *Der innere Friede, der Gleichmut in allen Dingen*

Der geistig Erwachte wird in allen Umständen und Wirren des Lebens die Ruhe seines Gemüts behalten und den inneren Frieden seiner Seele nicht durch Sorgen oder Enttäuschungen stören lassen. Wir sollten aus Freude nicht überschäumen und auch im Leid nicht verzagen. Der Gleichmut in allen Dingen ist das Zeichen eines Erleuchteten.

Doch viele Menschen jubeln im Glück und tanzen um das goldene Kalb, das sich ihnen anbietet und zugleich ihre Fessel ist. Dieses äußere Glück ist nicht das innere Gleichmaß, das wahre Sein. Es ist trügerisch und täuscht. Morgen schon kann es wieder anders sein. Die einen jagen nach Geld, die anderen nach Ansehen; wieder andere nach Geld, Ansehen und Macht. Sie alle sind im Selbstwahn befangen und damit Gefangene ihres eigenen Wollens. Trotzdem ringen und suchen ihre Seelen und sind nie zufrieden, bis sie das Wahre gefunden haben: den inneren Frieden, den Gleichmut in allen Dingen, die Stille und die Harmonie, die Gottergebenheit. Wenn sie ihr Ich, ihr goldenes Kalb, ihre Jagd nach Geld und Macht, beibehalten könnten, würden viele das Königreich des Inneren in sich aufsuchen. In das Reich Gottes kann jedoch nur der eingehen, der alles Äußere aufgegeben hat und sich den inneren Reichtum, die Liebe, die Weisheit, die Güte, Barmherzigkeit, die Ordnung, den göttlichen Willen, den Ernst und die Geduld erarbeitet. Das bedeutet nicht, dass der Reiche alles verschenken soll. Es heißt: Diene damit vielen!

Es gibt keine Auferstehung ohne Kreuzigung des menschlichen Ichs und ohne Selbstaufopferung.

Wir müssen alle unser persönliches, vergängliches Schein-Ich opfern und dem Kreuzestod preisgeben, denn nur so kann der ewige Geist in unserer Seele geboren werden, auferstehen und offenbar werden.

## *Auch unsere persönlichen „Feinde“ sind Werkzeuge für unsere Läuterung*

Jesus lehrte uns die Feindesliebe. Auch unseren Feinden sollten wir danken, denn gerade unsere Feinde regen uns durch ihr Verhalten zum Nachdenken an. Freunde schmeicheln und bauen dadurch unser niederes Ich auf.

Doch unsere „Feinde“ sind oft, unbewusst, Werkzeuge, die unser Ich einstürzen lassen.

Wer das erkennt, der wird aus dem Born göttlicher Liebe und Weisheit seine Seele stillehalten, der wird nie über seine Feinde klagen, denn er weiß, dass nichts in dieser Welt ohne Grund und Zweck geschieht, und dass es kein Ereignis gibt, woraus er nicht lernen und Nutzen ziehen kann. In allem Negativen ist auch der positive Keim.

Haben wir gelernt, unsere Feinde zu lieben und können denen Gutes tun, die uns hassen, dann haben wir zur inneren Größe gefunden.

Wir müssen erkennen: Es geht keine Schwingung verloren. Sowohl unsere positiven als auch unsere negativen Äußerungen, die wir aussenden, fallen wieder auf uns zurück. Darum müssen wir vor allem in uns selber die Ursachen der Enttäuschungen, all des Leidens, des Leids suchen, das die Menschen über uns bringen. Von daher können wir begreifen, wie wichtig und unbedingt notwendig die Kontrolle und die Veredelung unserer Empfindungen, Gedanken, Worte und Taten sind.

Ich möchte wiederholen: Wir sollten unseren persönlichen „Feinden" gegenüber dankbar sein, denn unbewusst sind sie Werkzeuge und Mitarbeiter der göttlichen Ordnung und dienen schließlich unserer Läuterung und Erleuchtung. Feinde sind auf unserem Weg zum Reiche Gottes viel nützlicher als manche Freunde: Freunde schmeicheln; der Feind, der uns härteste Kritik entgegenstellt, bringt uns letzten Endes zum Nachdenken. Somit stärkt der negative Aspekt im Grunde den positiven und steigert seine Wirksamkeit und seine Macht. Wohl dem, der auf der Hut ist und dies rechtzeitig erkennt!

Wie die dunkle Nacht die Leuchtkraft der Gestirne hervortreten lässt, so treten all unsere Werke in das Licht der Erkenntnis, um von uns erfasst zu werden. Durch alle Hindernisse und Schwierigkeiten wächst die Widerstandskraft unserer Seele. Wenn auf uns viele Widerwärtigkeiten zukommen, so sollten wir trotz allem frohgemut sein und auf dem heiligen Pfad nach Innen, zur Wahrheit, freudig fortschreiten.

## *Mit-leiden statt Mitleid*

Mitleid ist oft mit »Selbstbeweihräucherung« verbunden. Für den Erleuchteten gibt es dieses Mitleid nicht. Er wird auch nicht mitleidig auf seinen Nächsten blicken, sondern mit ihm empfinden, mit ihm mit-leiden. Er wird dies nicht immer im Äußeren zeigen, er kann trotz des großen Leidens seines Nächsten zurückhaltend bleiben. Der nach Mitleid Heischende glaubt dann oft, der andere sei kalt und gleichgültig. Der Weise jedoch leidet innerlich mit; er trägt im Gebet und in der Fürbitte mit dazu bei, dass das Leid seines Nächsten gelindert wird.

Im Gesetz des Herrn ist nicht das Mitleid, sondern das Mitleiden, das Hineinempfinden in den Schmerz und das Leid des Nächsten, das wahre Mit- und Füreinander. Deshalb hat der Weise kein sentimentales Mitleid. Das ist keine Gefühls- und Herzlosigkeit, sondern tiefes Verständnis und Mitempfinden, das nur in einem unerschütterlichen, starken Herzen zu finden ist.

Wer im Gesetz lebt, muss oft erkennen, dass er seinen Mitmenschen nur im Gebet und in der Fürbitte beistehen kann und nicht in der Tat. Er erkennt, dass er seinen leidenden Mitmenschen aus eigener Initiative nicht helfen darf, weil er die Gesetze und Kräfte kennt, die augenblicklich am Werk sind und wirken müssen. Mancher von uns muss aus dem Leidenskelch trinken, um in diesem oder in einem späteren Leben sein Heil oder seine Heilung zu erlangen.

Wer die Bürde seines Schicksals mit heldenhaftem Mut, ohne zu klagen, auf sich nimmt und ihren Zweck erkennt und erfüllt, der übt wahres Dulden und entwickelt die göttliche Eigenschaft der Geduld.

## Wahre Duldsamkeit

Die wahre Duldsamkeit gegenüber anderen ist ebenfalls ein Kennzeichen der zum Lichte erwachenden Seele. Sie muss jedoch aus der Tiefe des Herzens kommen. Wer verurteilt oder verwirft, der sollte erkennen, dass dies das Gegenteil von Geduld ist, nämlich Heuchelei oder geistige Feigheit. Wahres Dulden ist immer von göttlicher Liebe, Weisheit, Nachsicht und Herzensgüte begleitet.

Wir sollten jedoch nicht alles hinnehmen, sondern unseren Nächsten, der leidet und seine Leiden immer wieder hervorhebt, darauf aufmerksam machen, dass Gedanken Kräfte sind und sich in der eigenen Seele und im eigenen Körper manifestieren.

Auf dem Weg zum Göttlichen lernen wir das Dulden. Wir müssen Verachtung, Hohn und Spott unserer Mitmenschen über uns ergehen lassen, von jenen Menschen, die aus Blindheit denken, reden und handeln. Wir aber sollen in allem Nachsicht und Geduld üben, denn das ist ein Gebot der göttlichen Weisheit.

Das geläuterte Herz und der erleuchtete Verstand des Weisen schließen die Kräfte der Geduld und Nachsicht gegenüber dem geistig Unreifen ein.

Wir erkennen also, dass wir über unsere eigenen Fehler und Schwächen geführt werden müssen, damit jeder Ehrgeiz und Eigendünkel von uns abfallen. Denn letzten Endes ist in dieser Welt, ja, in der ganzen Unendlichkeit, alles gesetzmäßig. Jedes Geschehen birgt seine Wirkung und ist eine Rückwirkung dessen, was wir verursacht haben.

## *Erkenne dich selbst*

Wenn wir unserem Nächsten in Liebe begegnen und alles aus Liebe tun, werden wir an ihm erkennen, dass die in unserem Nächsten noch vorhandenen Schwächen und Laster in früheren Tagen oft auch uns selbst zeichneten.

Wir dürfen nicht überheblich werden und gar meinen, wir hätten schon alles überwunden.

Wer – außer dem inneren Meister, Christus – kann uns versichern, dass unsere früheren Schwächen und Laster für immer überwunden sind und nie wieder auftauchen werden? Wir sollten uns bemühen, uns von Hochmut und Selbstüberschätzung freizuhalten.

Jede Aufgabe, die uns gestellt wird, sollten wir in Liebe und Güte, in Sanftmut und wahrer Demut erfüllen. Das ist tugendhaft und göttlich. Es schenkt uns Ruhe und inneren Frieden. Warmherzigkeit, Toleranz und Güte sind Zeichen des geistig Erwachten.

Wir haben also Kriterien in der Hand, an denen wir selbst erkennen können, wie weit wir im Geiste gewachsen und gereift sind. Haben wir eine geistige Sensitivität erlangt, dann erkennen wir sehr bald, dass wir durch ein falsches Verhalten unserem Organismus Missstimmung, Unruhe und Friedlosigkeit übertragen, die unseren zarten, feinen geistigen Leib, die Seele, wie mit Stichen berühren.

Das Übel muss also an der Wurzel gefasst und mit der Wurzel ausgerottet werden. Darum müssen wir beständig unsere Gedanken, Worte und unsere Handlungen überwachen und beherrschen. Dazu gehört, dass wir unsere fünf Sinne läutern.

Wir müssen erkennen, dass wir ohne Reinigung unserer Empfindungs- und Gedankenwelt, welche die Urheber allen Übels sind, niemals die Vollkommenheit erlangen können. Solange unser Empfinden und Denken nicht völlig gereinigt ist, bleiben Tür und Tor für neue Gegensätzlichkeiten offen.

Wir müssen auch erkennen, dass jeder unnütze oder negative Gedanke, jede unfruchtbare Tat und jedes unnötige Wort vergeudete Kraft sind. Durch die Vergeudung unserer Energien, zum Beispiel unnötiges Grübeln, werden wir unsere Gefühle, unsere Nerven und unsere Gedanken nicht besser beherrschen und für unsere Zukunft keinen gesunden Samen säen. Wir sollten großen Wert auf eine gute Saat legen.

Wir müssen alles Menschliche übergeben, um Gott ganz zu gewinnen. Unser kleines, persönliches Ich, unser eigensüchtiges Denken, sollten wir auf dem Altar Gottes opfern; dann werden wir die geistigen Früchte ernten. Denn wo nichts Weltliches mehr ist, da zieht Göttliches ein.

## *Hilfen zur Selbsterkenntnis – Was ist Sünde?*

Die Sünde lässt das Feuer der Seele zum Glimmspan werden, engt den Menschen ein und beraubt ihn der Freiheit.

Sie tritt in mannigfacher Art und in vielen feinen und subtilen Formen hervor, von denen die meisten Menschen keine Ahnung haben.

Wir müssen erkennen, dass nicht nur das Böse zu tun, sondern auch das Gute zu unterlassen, Sünde ist.

Jeder Missbrauch der von Gott gegebenen Kräfte, seien sie im Materiellen, in den Mineralien, Pflanzen und in den Tierreichen oder im Geistigen, als Gaben in unserer Seele, ist sündhaft.

Auch das Verkümmern-Lassen der uns von Gott geschenkten Lebensenergien ist Sünde.

Wenn wir über unseren Hunger hinaus essen, so ist das Sünde. Wenn wir Speisen bewusst verderben lassen, während andere hungern, so ist das Sünde.

Wenn wir im Wohlleben schwelgen und uns Schätze horten, so ist das Sünde.

Nicht nur gesetzwidriges Handeln, sondern auch falsches Denken, z.B. überaus große materielle Wünsche zu hegen, ist Sünde. Auch andere zur Annahme eines Glaubens zu zwingen, ist Sünde.

Nicht nur Gottlosigkeit oder Unglaube, sondern auch blinder Glaube, religiöser Fanatismus und Übereifer sind Sünde.

Die Seele ihres Lichtes, der göttlichen Erkenntnis, zu berauben durch Zuwiderhandlungen gegenüber den Gesetzen des Lebens – das heißt, durch bewusstes Übertreten der himmlischen Gesetze –, das ist Sünde wider den Heiligen Geist.

## *Einsamkeit, ein Heilmittel für die Seele*

Wir alle sind Wanderer zu dem Ziel, wieder vollkommen zu sein, so wie unser Vater vollkommen ist. Auf dem Weg zu diesem Ziel erlebt der Wanderer immer wieder große Einsamkeit, ein Gefühl des Verlassenseins von allen Menschen und Wesen. Es erfordert Mut, Tapferkeit und Opfersinn, um diese Einsamkeit zu überwinden. Ohne Liebe zu Gott und zu unserem Nächsten können wir dies nicht.

Wir müssen uns fragen: Warum bin ich einsam, was habe ich gedacht oder verursacht, dass ich in diese Isolation gekommen bin?

In diesem sich einsam fühlen ist auch Angst, dass wir unseren Nächsten verlieren, dass wir uns von Hab und Gut trennen müssen und von Menschen, die uns lieb und wert sind. Wir wissen: Was wir halten wollen, das werden wir verlieren. Ja, wir können sagen: Wir haben es schon verloren.

Eine andere Einsamkeit ist es, wenn wir uns kurze Zeit in die Stille zurückziehen und die inneren Kräfte mobilisieren, um dann wieder unter den Menschen und in der Welt stehen und geistig wirken zu können. Diese wahre Einsamkeit ist heilsam und dient der Entwicklung der Seele. In ihr lösen sich die Fäden, die uns mit der Welt verbinden, und vollzieht sich die Anknüpfung an die Bereiche des Geistigen.

Diese Einsamkeit wird ein Heilmittel für die Seele, wenn wir uns zurückziehen und unsere Kräfte sammeln, um dann wieder in der Gemeinschaft stark zu sein, sie zu fördern und in ihr aufzugehen. So liegt in der wahren Einsamkeit zugleich die Gemeinsamkeit: Der Mensch zieht sich nicht zurück, um nur für sich eine geistige Bereicherung zu erlangen, sondern um dann wieder dem Gemeinwohl zu dienen.

Erst wenn wir unser Gefäß, unser Herz, von allen selbstsüchtigen Wünschen entleert haben, dann erst kann die göttliche Liebe darin einziehen und wohnen. Dann werden wir die Gemeinsamkeit pflegen und dort die Einheit erlangen, die ausstrahlt und viele erfasst, die Gleiches oder Ähnliches wollen.

Die Stimme Gottes kann von uns nur rein und klar wahrgenommen werden, wenn alle Geräusche unserer Begierden und menschlichen Sehnsüchte schweigen, wenn wir mit unserem Nächsten in Frieden leben und die Einheit mit allen Wesen und Dingen anstreben. Jede Überwindung unseres menschlichen Ichs bringt neue Seelenfreude.

## *Die Liebe*

Die Liebe Gottes bildet die Krone aller Tugenden. Sie verströmt sich in unvorstellbaren Kräften, in den reichhaltigen Facetten kosmischen Seins, und trägt den zu ungeahnten Höhen empor, der den Kreislauf der Liebe geschlossen hält. Im Kreislauf der Liebe erfahren wir, dass sich alle Geschöpfe nur durch die Liebe offenbaren.

Wir Menschen müssen zur Liebe werden, um von dieser Liebefülle erreicht werden zu können.

Gleiches zieht Gleiches an, Liebe zieht Liebe an. Liebe kann nur mit Liebe in Einheit schwingen und geben.

Die göttliche Liebe wird uns erst wahrhaft offenbar, wenn wir uns selbst in Liebe dem großen All-Einen zuwenden. Dann schließt sich der Kraftstrom, und wir erleben Gott, unseren Vater, in uns.

Die Liebe Gottes ist allumfassend, allbeseelend, alldurchleuchtend und -belebend. Das müssen wir erkennen, in uns verwirklichen und durchleben, damit die inneren Kräfte der Liebe uns durchströmen.

## *Ursachen und Wirkungen – Die Gnade*

Jedes Ding, jedes Geschehen und jeder Zustand hat seine Ursache, einen Erzeuger: Jede Ursache erzeugt eine Wirkung.

Jede Wirkung wird zu einer Ursache für eine neue Wirkung, sofern wir die Wirkung nicht rechtzeitig erkennen und sie als unser eigenes, ehemaliges Vergehen erfassen. Daher müssen wir uns anstrengen, die Wirkung zu erkennen und freudig zu tragen, in dem Bewusstsein, dass der Ewige, das Leben, uns beisteht.

Der Mensch fragt oft: Weshalb geschah dies oder jenes, weshalb muss ich dieses Leid oder jenes Schicksal ertragen?

Eine Wirkung kann von ihrer Ursache durch Jahrhunderte oder Jahrtausende getrennt sein, so wie im Samen eines Baumes die späteren Früchte angelegt sind. Wie viel Zeit jedoch verstreichen wird, bis der Same zu keimen beginnt, wann die Zeit für die Wirkung gekommen ist, das liegt in der Ursache selbst. Die Ursache einer Krankheit zum Beispiel kann Jahrzehnte und die eines politischen oder religiösen Geschehens Jahrhunderte zurückliegen. Wir müssen also die Ursachen bekämpfen und überwinden, um nicht wieder neue Ursachen zu schaffen. Wir sind nicht auf der Erde, im Erdenkleid, um beständig nach den Ursachen zu fragen, sondern um die Wirkung so zu bewältigen, dass daraus keine neuen Ursachen entstehen.

Die feinen, differenzierten Gesetzmäßigkeiten von Ursache und Wirkung sind in unsere groben Worte nicht zu fassen, weil das Gesetz nicht unsere Gedanken und Worte beachtet, sondern vor allem unsere Empfindungswelt, unsere Regungen und Neigungen. Das, was wir vor den Menschen verbergen, ist vor Gott jedoch offenbar.

Wer das erkannt hat, wird seine Gedanken und Taten immer kontrollieren und beherrschen, das heißt nur heilvoll und göttlich denken und handeln, denn er weiß im Voraus, dass alles seine Wirkungen hat. Wir müssen also bewusst leben, das heißt gewissenhaft leben, und uns die Folgen unseres Handelns stets vor Augen halten. Dadurch heben wir den Schatz unserer Seele – es ist die Kraft, das Licht und die Liebe des Allmächtigen.

Wenn nicht die Gnade Gottes wäre, so gäbe es keine Vergebung der Sünden. Deshalb wirken Gnade, Liebe und Barmherzigkeit in einem. Wir müssen die große Wahrheit erkennen, dass die Gnade der Sündenvergebung nur die Wirkung der Gesetze aufhebt, aber nicht die Gesetze selbst. Das Gesetz der Gnade hebt also nicht das Gesetz von Ursache und Wirkung auf, sondern wandelt nur die Wirkung um und neutralisiert sie, wenn es gut für unsere Seele ist.

## *Ist Gott beleidigt und zornig?*

Gott steht über allem Menschlichen und kann nie von Seinen Kindern belästigt, beleidigt oder gar verletzt werden. Die Begriffe „Gotteslästerung", „Gottes Zorn" u.ä. sind Übertragungen menschlichen Denkens und Fühlens auf Gott. Gott steht aber über diesen Menschlichkeiten. Mit dieser falschen Vorstellung von Gott belasten wir nur uns selbst, treffen aber nicht Gott.

Mancher von uns glaubt, dass der Allmächtige zornig oder gar gekränkt sein könne – es gibt keinen zornigen Gott! Wäre Gott zornig, so wäre Er unvollkommen. Erregung zeigt die Unvollkommenheit des Menschen. Wäre Gott gekränkt, so wäre Er ein unvollkommener Gott, dann hätte Er, wie der Mensch, Sein persönliches, kleines Ich zu verteidigen.

Gott ist ewige, allumfassende und alldurchströmende Liebe. Gott schaut alle Dinge vollkommen, Er schaut auch uns Menschen in der

Tiefe vollkommen. Dieser geschauten Vollkommenheit verleiht Er Kraft, und durch diese Kraft werden wir wieder vollkommen und bewusste Kinder Gottes werden. Gott schenkt uns über das Kausalgesetz die Kraft und bringt die Wirkungen unserer eigenen Ursachen in die Erscheinungswelt, damit wir sie erkennen und daran wachsen.

## *Hat Gott Geheimnisse?*

Hätte Gott Geheimnisse, so wäre Er unvollkommen.

Jeder, der Geheimnisse hat, hat etwas zu verbergen. Und wer etwas zu verbergen hat, es nicht preisgeben möchte, der ist noch unrein und daher nicht vollkommen. Wir Menschen haben einen Schleier vor Gottes Gesetze gezogen und blicken nicht hinter ihn, wo alles offenbar ist. Wer umwölkt oder umschleiert ist, erfasst nicht Gottes Allmacht und Größe, die in allen Dingen wirkt; er vermag nicht die Gesetze des Lebens zu erkennen, daher sagt er: Gott lässt nicht in Seine Geheimnisse schauen.

Wenn wir Gottes Ebenbilder sind, dann kann Gott gar keine Geheimnisse haben, weil uns als göttlichen Wesen alles offenbar ist. Solange wir aber menschlich sind und uns auch nicht aufmachen, göttlich zu werden, solange wir auf unseren Vorstellungen und Meinungen beharren und uns im Weltenmeer treiben lassen, werden wir für unser Tun die Ausrede gebrauchen: Gott lässt sich nicht in die Geheimnisse blicken.

Wer selbst Geheimnisse hat, der spricht auch von den Geheimnissen Gottes. Wer frei und offen ist, Gott zugewandt in allen Dingen, wer in Einheit und selbstloser Liebe mit seinen Mitmenschen lebt, der wird nicht mehr von den Geheimnissen Gottes sprechen: Er erkennt und weiß, dass ihm als Kind Gottes alles offenbar ist.

## *Reinigung unseres Tempels – Einhalten der Tempelordnung*

Sobald wir uns aufmachen, unsere Fehler und Schwächen zu erkennen und unsere Sünden zu bereuen, beginnt der Nebel, der unsere Seele umwölkt, lichter zu werden. Aber es muss eine echte Reue sein, ein fester Entschluss und ein tiefes Gelöbnis, nicht weiter zu sündigen; sonst werden Herz und Seele wieder von Nebelschleiern verhüllt und verdunkelt.

Uns ist geboten, den ersten Schritt auf Gott hin zu tun, indem wir unsere Sünden und Fehler bereuen und alles gutmachen, was wir verursacht haben und gutmachen können, z.B. eine nicht gesetzmäßig erworbene Sache zurückzugeben.

Wir müssen unseren Tempel, den Körper, von unseren Sünden, Begierden und Leidenschaften reinigen. Es steht geschrieben, dass wir der Tempel des Heiligen Geistes sind. Die Reinigung des Tempels erfolgt auch durch Freihalten von dem, was wir schon hinausgeschafft, dem Ewigen übergeben haben.

Zur Tempelreinigung und zur Einhaltung der Tempelordnung gehören das Beherrschen der sinnlichen Leidenschaften, Begierden und Laster, gesetzmäßige Nahrung, bewusste Atmung, ausgewogene Bewegungen des Körpers, vor allem aber positive Gedanken, Worte und Handlungen.

Zur Tempelordnung gehört auch, dass wir nur Wesentliches denken und sprechen und von allem Unwesentlichen Abstand nehmen. Auch Mäßigkeit in allen Dingen ist uns geboten, denn jedes Unmaß stört die Ordnung unseres Körpers, und die Folge ist Disharmonie. Damit verunreinigen wir unseren Tempel und halten nicht mehr die Tempelordnung ein. Hüten wir uns daher vor dem Missbrauch der Kräfte! Deshalb heißt es: Erkenne das Wesentliche und sprich nur Wesentliches aus!

Manche können es nicht verstehen, dass Überschwänglichkeit und allzu große Lässigkeit schlimme Feinde der inneren Harmonie sind und die Gesundheit beeinträchtigen. Es ist ein Gesetz der Harmonie: Jede Übertreibung führt zu Extremen. Auch das sind Quellen vieler Leiden und vieler Ursachen; sie bringen über die Menschen Unglück und zerstören die innere Harmonie.

So sollten wir unseren Tempel immer reinhalten durch positives Empfinden und Denken, durch frische Luft, Mäßigkeit und Harmonie in allen Äußerungen.

Wollen wir dann im gereinigten Tempel Gott näherkommen, so müssen wir auch noch das innere und äußere Schweigen lernen.

# Schweigen

Schweigen heißt nicht, den Mund verschließen, sondern den menschlichen Geist zum Schweigen bringen.

Schweigen bedeutet, die Harfe des Lebens von den Missklängen der ichsüchtigen Begierden freizuhalten.

Schweigen bedeutet, alle unwesentlichen, eitlen und nichtigen Gedanken aus uns zu entfernen.

Schweigen bedeutet, unser Inneres von zersetzenden und vergiftenden Gedanken zu befreien, damit wir von dem Heilstrom göttlicher Liebe erfüllt werden können.

Ist es uns möglich, mit gereinigtem und schweigendem Herzen den Tempel zu betreten, dann werden wir auch Gott deutlich vernehmen, wenn Er zu unserer Seele spricht.

Können wir selbstlos in den Tempel heiliger Liebe eintreten, dann werden die Segensstrahlen aus ihm hervorbrechen und die Ströme ewigen Friedens und himmlischer Freude unser Herz durchfluten; das wird sodann in und um uns und auch in unserer Umgebung spürbar sein. Erst wenn unser Tempel gereinigt ist und wir vom Heiligen Geist erfüllt sind, können wir unseren Mitmenschen segensreich begegnen und unter ihnen wirken.

## *Der Innere Weg*

Auf dem Pfad zum Ewigen wird der Mensch immer sensitiver, das heißt, nicht nur durchlässig für das Innere Licht, sondern auch sehr aufnahmefähig für die Schwingungen seiner Mitmenschen. Menschen, die dem Ziel nahe sind, wissen daher, wie es um den Mitmenschen steht. Sein Antlitz zeigt seine Offenheit oder Verschlossenheit, es ist der Ausdruck seines Lebenswandels. Auch Sprechweise und Gebärden sagen, wes Geistes Kind der Mensch ist.

Nicht jeder darf auf sein Wesen und seine Art angesprochen werden, denn er möchte, dass alles, was er verschleiert – und was für den Erleuchteten doch schaubar ist – verborgen bleibe. Auch der Wissende darf die vom Menschen verborgenen Wünsche, Sehnsüchte und Gedanken nicht offenlegen. Er kennt sie und schweigt und hält möglicherweise beide Wangen hin.

Es ist natürlich erlaubt, unsere Mitmenschen vorsichtig auf Fehler oder Unterlassenes aufmerksam zu machen, wenn es angebracht und gesetzmäßig ist.

Christus ist der Schlüssel zum Tor des Lebens. Auf dem Pfad zu Gott müssen wir lernen, den Schlüssel des Geistes richtig zu gebrauchen, damit wir die Pforte zum Heiligtum Gottes aufschließen können. Der richtige Gebrauch dieses himmlischen Schlüssels hängt einzig und allein von unserem Opfermut und unserer Opferbereitschaft ab.

Wir müssen die harte Schale unseres menschlichen Ichs mit der uns innewohnenden Geistkraft brechen, um den Schatz des Lebens zu heben: Gott, die ewige Kraft, Liebe und Weisheit.

Dann gewinnen wir den ersehnten Frieden und die wahre Harmonie.

Diesen Schatz zu erlangen, hängt von der Kraft unserer Opferwilligkeit und von der Stärke unseres Verlangens ab, Gott, unserem Vater, im Heiligtum innerer Stille zu begegnen. Wir werden auf dem Inneren Weg die rechten Werkzeuge in die Hand bekommen, um der inneren

Wahrheit, dem inneren Schatz, näherzukommen, um ihn zu heben und danach zu leben.

Die Werkzeuge, die wir benötigen, um unser menschliches Ich zu ergründen und es auszumerzen, sind Opfermut, Opferwille und die Verwirklichung der ewigen Gesetze. Die Voraussetzung ist die Liebe zu Gott und zu unserem Nächsten. Ohne Liebe gibt es keinen Erfolg. Aber auch ohne den heroischen Willen, alles Menschliche abzulegen, werden wir nichts erreichen, wenn wir der Liebe Gottes, Seiner Weisheit und Wahrheit begegnen und uns mit Ihm, dem Leben, vermählen wollen. Lauheit und Nachlässigkeit sind Eigenschaften und Charakterschwächen des Menschen und bergen auf dem Weg zu Gott weitere Gefahren. Deshalb sind Disziplin und Konzentration wesentlich.

Die Seele ist der Mikrokosmos im Makrokosmos und besitzt alle Kräfte des Heils. Wir müssen uns bemühen, die Seele, den Mikrokosmos, den himmlischen Gesetzen, dem Makrokosmos, dem großen Ganzen, der Unendlichkeit, unterzuordnen, bis wir eins mit dem Makrokosmos geworden sind.

Die Entwicklung des Embryos unter dem Herzen der Mutter ist ein Beispiel für unsere eigene geistige Entwicklung sowie für die aller geistigen Geschöpfe, aller reinen Wesen, die aus dem Schoß des Geistes geboren wurden und immer weiter geboren werden; denn das Weltall dehnt sich unermüdlich aus und bringt immer neue Formen und Geschöpfe hervor.

Was oben ist, das ist auch unten: Wie in der Welt des Geistes, so auch in der materiellen Welt, nur unrein, verdichtet und schattenreich; wie auf der Erde, so auch im Himmel, aber nur dort in reinster Form. Wir müssen also die Reinheit erlangen, um in Gott und mit Gott leben zu können; dadurch erhalten wir die innere Wahrnehmung.

Die innere Wahrnehmung ist zu Beginn oftmals nur ein blitzartiges Aufzucken im menschlichen Herzen. Aber schon durch diese in uns kurz aufleuchtende Kraft gelangen wir zur

Überzeugung und zur Gewissheit, dass wir auf dem rechten Pfad sind.

Um Gott näherzukommen, ist die Liebe das Entscheidende für den Wanderer zum Königreich des Inneren. Die Liebe zum Ewigen erleichtert unseren Fortschritt.

Auf dem Wege zum inneren Sein erfahren wir, dass im ganzen Universum nichts verloren geht: weder eine Kraft noch ein Atom, weder eine Schwingung noch ein Impuls, weder eine Regung noch ein Bewusstsein. Von daher erkennen wir, wie wichtig es doch ist, dass wir unsere Empfindungen, Gedanken und Worte zügeln und unseren Menschen unablässig kontrollieren, um auf dem Weg zu Gott vorwärtszukommen; denn was wir säen, das werden wir ernten.

In unserer Welt des Entstehens und Vergehens wechseln nur die Formen und die Namen, die Schwingungen und die Zahlen, die Farben und die Zustände; aber alles, was war, ist, weil nichts verloren geht. Was eine Seele auf ihrer Erdenwanderung erfahren und erlebt hat und was nicht abgegolten ist, haftet sowohl in der Seele wie auch in der atmosphärischen Chronik der Menschheit. Es sind geistige Schichten innerhalb unserer Atmosphäre. Sie bilden die Quelle des Wissens aus verschiedenen Bewusstseinsbereichen für jene, die sich noch nicht auf die absolute Quelle, auf Gott, ausgerichtet haben. Zu jeder Zeit können solche Menschen, die eine Empfangsstation für mehrere Sender sind, Wissen aus verschiedenen Bereichen empfangen. Die Resultate aller Erfahrungen und Erkenntnisse schwinden nicht, sondern warten darauf, empfangen zu werden.

Wer sich mit dem Niederen zufriedengibt, der wird auch Niederes empfangen. Wer seine Seele nicht läutert und zu Gott erhebt, sondern zu einer Empfangsstation für die Seelenreiche und die atmosphärische Chronik macht, der wird auch von dort empfangen.

Sind wir jedoch ständig bemüht, unseren Empfänger einzig und allein auf Gott, den himmlischen Sender, auszurichten, gelangen wir über den Bereich der Einsprachen von Seelen aus den

Reinigungsebenen und über die Einwirkungen der atmosphärischen Chronik hinaus und werden unmittelbar von der Gotteskraft inspiriert und geführt.

Wer sich auf dem Weg nach innen einzig und allein auf den höchsten Sender, auf Gott, ausrichtet, der wird wohl lange Zeit keine Einsprachen haben, weil sein Empfangsgerät sich eben langsam auf den erhabensten Sender ausrichtet, auf die Allmacht des Geistes. Er kann jedoch auch sicher sein, dass ihn die Allmacht führt und ihn schützt, damit er – seinen gesetzmäßigen Wünschen entsprechend – von der reinen Quelle, von Gott, dem Leben, inspiriert wird.

Wir Menschen müssen uns anstrengen, um die ersten inneren, reinen, geistigen Erfahrungen zu machen, die uns die ewige Liebe schenkt. In jeder Seele liegt unerschöpfliches, göttliches Wissen bereit. Es bietet sich jedem Menschen an, der nach Wahrheit sucht und den Inneren Weg der Selbsterkenntnis und Läuterung beschreitet.

Die erwachte Seele sehnt sich nach der unerschöpflichen Liebe und Weisheit. Jede Seele ist fähig, diesen inneren Heilstrank zu empfangen, der durch unser falsches Leben abgedeckt wurde. Je reicher unsere Seele wird, umso mehr werden sich göttliche Weisheit und Liebe entwickeln und sich dem Menschen als bewusstes Wissen und tiefe Wahrheit mitteilen. Durch ein lauteres und gesetzmäßiges Leben werden wir Schritt für Schritt diesen herrlichen Schatz, unser wahres Selbst, heben und die göttlichen Gaben entdecken und richtig anwenden.

Unser himmlischer Vater stellt uns, Seinen Kindern, alle geistigen Elemente und Kräfte, alles, was für die geistige und physische Entwicklung der Seele und des Menschen nötig ist, zur Verfügung.

Die Sehnsucht und Liebe nach Gott nähren die Seele, erleuchten den Menschen und machen ihn wahrhaft weise.

Was wir aus dem Geiste empfangen, ist in vielen Fällen nur eine Rückerinnerung dessen, was unsere Seele schon von Urbeginn in sich trägt, was sie von ihrem Schöpfer mitbekommen hat. Eine nicht allzu belastete Seele bringt eine bestimmte Summe von himmlischem Wissen mit in diese Welt. Ihr ist es sodann gemäß den Gesetzen des Himmels gegeben, ihren Mitmenschen die ewige Wahrheit zu verkünden und zu lehren. Eine verschattete, stark belastete Seele bringt mehr Menschliches mit in die Welt und versucht, in der Welt das auszuführen, was sie sich in den Vorleben als Mensch angeeignet und noch nicht abgelegt hat.

Nur der große Durst nach höherer Erkenntnis und nach himmlischer Liebe und Weisheit kann uns zum Empfang für höhere Kräfte und für himmlisches Wissen fähig machen. Das höchste Wissen besitzt die göttliche Liebe und Weisheit. Diese himmlischen Gaben können wir jedoch nur erlangen, wenn wir uns nach der Liebe des Allmächtigen sehnen und das Gebot aller Gebote, die Liebe, erfüllen.

Durch Selbsterkenntnis und Sieg über unsere menschlichen Gewohnheiten, unsere niederen Leidenschaften und Triebe, lüften wir den Schleier der Täuschung und des Irrtums. Die

Arbeit an uns selbst bewirkt, dass die Schleier lichter und durchlässiger werden und mit der Zeit ganz schwinden.

Wir können also nicht erwarten, dass unser Nächster für uns die Arbeit tut, dass er unsere Ursachen und Wirkungen beseitigt.

Wir müssen an uns selbst arbeiten. Das ist das Gesetz: Erkenne dich selbst, verwirkliche, erfülle und werde dadurch rein und wieder das Ebenbild des ewig himmlischen Vaters.

Auf dem Weg zu unserem wahren, ewigen Bewusstsein werden wir immer wieder die Erfahrung machen, dass unsere dürstende Seele nur unter Opfern in den Tempel eintreten kann, in dem ihr Labung, Liebe und Weisheit zuteil werden. Dort wird unser gebundenes Herz frei, und die versklavte Seele empfängt den Heiltrank der göttlichen Liebe. Nur dort, im Innersten unseres Seins, im Heiligtum innerer Liebe, Weisheit und Wahrheit, wird der Geist von den Fesseln der Täuschung und des Irrtums befreit.

In das innere Sein, zu unserem wahren Bewusstsein, kann nur der finden, der sein Herz für den Inneren Weg frei macht, der gewillt ist, den inneren heiligen Tempel mit festem Glauben und tiefem Vertrauen und Zuversicht und mit heiliger Ehrfurcht zu betreten. Beim Eintritt in den heiligen, inneren Tempel richtet sich unser Empfangsgerät, unser Mensch und auch unsere Seele, langsam auf den höchsten Sender, auf die Urkraft Gott, aus. Und dort im Tempel inneren Schweigens können wir sodann unmittelbar den herrlichen Worten des himmlischen Meisters und Erlösers, Christus, lauschen.

Auf dem Weg zum Inneren Leben, zur himmlischen Liebe, Weisheit und Wahrheit erkennen wir, dass unser Körper nicht unser wahres Selbst ist und unser Intellekt nicht unser wahres Wesen. Im Grunde genommen ist unsere Seele der wahre Wanderer in die Ewigkeit. Sie hat sich nur für kurze Zeit in einen irdischen Leib begeben, um den Weg zurück in die ewige Heimat zu beschleunigen. Im Menschsein ist es der Seele möglich, in Jahren abzutragen, was ihr drüben als Seele, im entkörperten Zustand, in unvorstellbaren Zeitabschnitten – wir können auch sagen, in Äonen – nicht abzutragen möglich ist. Auf Erden ist uns die Gnadenkraft verliehen, durch die Bitte um Vergebung und durch die Ordnung unserer Gedanken und Sinne, in Jahren unser Menschliches der ewigen Quelle zu übergeben.

Deshalb sollte unser ganzes Sinnen und Trachten sein, Gott, unserem Vater, zu gefallen. Unser erwachtes ewiges Bewusstsein möchte, dass wir auf Erden schon weise werden und die Einheit mit Gott, unserem Vater, erlangen. Voraussetzung hierfür ist jedoch, dass wir gewillt sind, unsere niedere Natur auf dem inneren Altar der heiligen Liebe und Wahrheit zu opfern.

Unser ewiges Wesen ist unser reiner Geistleib. Er ist die unsterbliche Substanz aus dem Ewigen, unser wahres Selbst. Jedes Geistwesen ist ein Tropfen aus dem Meer der Wesenheit Gottes, des all-ewigen Geistes, und jeder Tropfen birgt die gesamte Unendlichkeit, da alles in allem enthalten ist.

Wir wissen, dass sich der Wassertropfen vom Meer trennt. Er steigt als Dunst auf, fällt wieder als Regen auf die Erde, fließt durch viele Flüsse, Seen und Bäche und mündet schließlich wieder in seinen Ursprung, in das Meer der All-Einheit.

Auf ähnliche Weise unternimmt auch das Geistwesen eine Wanderschaft aus dem Ewigen Reich in die Materie. Das Geistwesen geht vom Schoße Gottes aus hin zur Inkarnation, wird von den Reinigungsebenen und ihren Schwingungen umhüllt und daher Seele genannt. Belastet sie sich auf ihrer Erdenwanderung, dann wird sie immer wiederkehren, bis sie sich ihrem Lebensziel, der Göttlichkeit, nähert. Dann kehrt der gereinigte Geistleib wieder zu dem Ursprung des Lebens, zu Gott, zurück.

Infolge ihrer Belastung erscheint die Seele unzählige Male in neuer Gestalt, um weitere und tiefere Erfahrungen zu sammeln und sie zu verwirklichen, damit sie geläutert und rein in den Ursprung ihres Lebens, in Gott, münden kann.

Durch ihr Hinabsteigen in die dunklen Tiefen der groben Materie und durch ständige Belastung verlor die Seele immer mehr von ihrer ursprünglichen Reinheit. Sie befleckte, versklavte und umhüllte sich, bis sie eine Gefangene und Gefesselte des menschlichen Ichs wurde.

Die versklavte, eingekerkerte Seele muss sich nun durch Opferbereitschaft, durch Hinwendung zum Göttlichen, durch eigene Arbeit wieder die Freiheit und Reinheit erkämpfen. In diesem Kampf steht ihr die Teilkraft der Urkraft bei, Christus, ihr Erlöser.

Je stärker eine Seele belastet ist, umso dunkler sind ihre Hüllen. Entsprechend ist auch der physische Körper gezeichnet, entsprechend sind des Menschen Gedanken, Redewendungen, Handlungen und Gesten, das heißt, sein Charakter zeichnet ihn.

Wer im Zustand menschlichen Ichs verbleibt, dem entschwindet jede Erinnerung an seine ursprüngliche Heimat, an seine wahre Abstammung und an die in ihm lebende Macht. Durch unzählige Erdenleben, in denen sich die Seele immer mehr belastet hat, verliert sie zuletzt das Wissen um ihre Herkunft und identifiziert sich schließlich mit der Materie. So glaubt sie, dass sie der verwesliche, sterbliche Körper sei, der zu Asche und Staub wird. Deshalb müssen viele Seelen durch Hunderte oder Tausende von Erdengeburten und Tode wandern, bis ihnen die geistigen Augen aufgehen und sie im Lichte der Wahrheit erkennen, dass sie letzten Endes göttliche Wesen sind, die durch Selbsterkenntnis und durch eigene Arbeit an sich selbst wieder zum Ursprung der Quelle zurückkehren müssen.

Vielen Seelen wird erst nach unzähligen Erdenwanderungen der Ursprung ihres Lebens wieder bewusst. Sie erlangen sodann – durch die Kraft des Geistes – die Fähigkeit, die innere, herrliche Heimat zu empfinden und sich der Selbsterkenntnis und der Läuterung zu unterziehen. Erst wenn sich diese inneren Kräfte bewegen, erwacht die heiße Sehnsucht der Seele nach ihrem Vaterhaus. Dann entflammt in ihr auch das Feuer der Entsagung weltlicher Genüsse, und sie erlangt daraufhin mit Hilfe der inneren Kräfte einen heroischen Opfermut, den Willen, sich vollständig von den Ketten der Materie zu befreien. Bereichert durch viele Erfahrungen, erlöst durch die Kraft des Christus Gottes und erfüllt mit der Sehnsucht nach der Vereinigung mit Gott, wird sie sich von allem Gegensätzlichen befreien und siegreich ins Vaterhaus zurückkehren.

In unserer Welt der Erscheinungen ist alles voneinander abhängig und alles bedingt einander. Jeder Mensch ist auf den anderen mehr oder weniger angewiesen, je nach seiner Position und dem Grade seiner Abhängigkeit. Da es jedoch keine Zufälle gibt, so ist jede Begegnung und jede Zusammenführung von Menschen karmisch bedingt. Wir haben jeden Augenblick etwas gutzumachen, sei es mit Menschen oder mit uns selbst, weil wir für unsere Gedanken und Worte verantwortlich sind. Jedes Geschehen in dieser Welt hängt von einem anderen Geschehen ab.

Die Unbeständigkeit ist ein Hauptmerkmal unserer Erscheinungswelt. So unbeständig, wie wir selbst sind, ist auch die Welt. Unsere Empfindungen und unser Denken verändern sich in jedem Augenblick; darum ändert sich auch das Weltbild je nach Zustand unseres Bewusstseins, unseres Denkens. Würde die ganze Menschheit nach Reinheit und Göttlichkeit streben, dann wäre auch unser Weltbild hell und licht, die Völker würden zu einem Volke werden, und die Grenzen würden fallen. Nicht nur Menschen und Seelen würden den Weg der gesetzmäßigen Evolution beschreiten, auch die Erde und das gesamte Sonnensystem könnten durch unsere Ausstrahlung in höhere Schwingung gebracht werden.

Erst wenn wir zur höheren Wahrheit erwacht sind und erkennen, dass hinter dieser Welt des beständigen Wechsels der Formen, des Kommens und Gehens, das ewige Leben des Schöpfergeistes steht, der allein das Absolute und Wirkliche ist, der alles durchdringt, belebt und beseelt, werden wir festen Schrittes dem Ziel zueilen.

Gott bleibt sich selbst ewiglich gleich. Sein Wesen kennt keine Veränderung, keine Vergänglichkeit. Daher schaut der wahre Weise und Erleuchtete diese Welt nur als Schein und Schatten der wirklichen Welt. Er strebt danach, hinter allen Dingen dieser Welt den Ewigen und Sein Wirken zu schauen und das wahre Leben zu verehren, denn das Absolute, das geistige Leben allein, ist die Wirklichkeit und unser wahres Sein. Der Allmächtige ist die beständige Kraft, die wir durch eine absolute Hinwendung an Ihn, den Gott der Wahrheit, erlangen.

Vergangenheit und Zukunft bilden den Kreislauf des Irdischen, der Zeit. Was wir in diesem Leben sind, wie unser Denken und Leben ist, haben wir in der Vergangenheit geschaffen. Ebenso prägen wir unsere Zukunft durch unsere Gefühle, Gedanken, Vorstellungen und Wünsche, durch unser egoistisches Wollen. Die Zukunft also liegt in unseren eigenen Händen. Was wir in der Vergangenheit gesät und nicht erkannt und bereut haben, gedeiht jetzt in der Gegenwart, bringt aber seine Früchte erst in der

Zukunft hervor. So ist der Einfluss der Vergangenheit auf die Gegenwart und die Zukunft groß.

Viele Menschen leben mehr in der Vergangenheit und fürchten sich vor der Zukunft. Auf diese Weise gestalten sie ihr derzeitiges und ihr weiteres Erdenleben. So wie heute unsere Saat ist, so wird morgen unsere Ernte sein.

Es ist daher sinn- und nutzlos, über die Vergangenheit wie auch über die Zukunft nachzugrübeln oder sich über die Vergangenheit zu ärgern und vor der Zukunft zu fürchten. Wir sind es selbst, die die Zukunft bestimmen. Es wäre besser, wir würden uns vor uns selbst fürchten, vor unseren täglichen Ausschreitungen in Empfinden, Denken und Verhalten gegenüber uns selbst und unserem Nächsten.

Durch nutzloses Grübeln werden wir unsere Gefühle, Nerven und Gedanken nicht beherrschen und für unsere Zukunft keinen gesunden Samen säen. Dadurch vergeuden wir nur göttliche Energie, was uns einst weitere Belastung bringt. Ob früher oder später: Jeder von uns muss erkennen, dass jeder unnütze oder negative Gedanke, jedes unnötige Wort und jede unfruchtbare Tat vergeudete Kraft sind.

Uns ist geboten, unermüdlich an uns zu arbeiten, damit wir uns durch die Kraft des Christus Gottes beherrschen lernen und über uns die Meisterschaft erlangen. Wenn wir uns nicht beherrschen lernen, werden wir beherrscht werden.

Unsere Empfindungen und Gedanken, unsere niederen Neigungen sind wie ein wildes Pferd, das mit uns dahingaloppiert, das uns dahin und dorthin jagt, das sich aufbäumt und uns abwirft, das sich so gebärdet, wie es nicht sein sollte.

Viele seelisch-geistige Leiden und Krankheiten, wie auch die unterschiedlichen Besessenheitsgrade, entstehen oftmals durch unsere ungezügelte Vorstellungskraft, die Unbeherrschtheit, Zynismus, unedle Gedanken, Regungen und Neigungen auslösen. Deshalb ist die Schulung unserer Willenskraft, die eins mit dem

Willen Gottes werden soll, von wesentlicher Bedeutung.

Der Kernpunkt der geistigen Schulung ist die Kontrolle, Beherrschung und Lenkung unserer Empfindungen und Gedanken. Durch eine bewusste geistige Schulung werden wir imstande sein, die negativen oder unerwünschten Bilder unserer unreinen Empfindungen und Gedanken, die unser Gemüt umnachten und unsere Seelensinne schwächen, zu beherrschen. Dies ist unter anderem ein Vorgang der Reinigung des Unterbewusstseins und der Läuterung des Gemüts.

Das ist ein grundlegender Lehrstoff der wahren mystischen Schule. Er wird jedem gelehrt, der auf dem göttlichen Inneren Pfad der Liebe und Weisheit wandert. Durch die Willensschulung, durch die Schulung der inneren Kraft, können wir die unerwünschten Bilder, die in unserem Gemüt auftauchen, und unsere gegensätzlichen Gedanken und Gefühle umwandeln und damit die innere Freiheit erlangen.

Die Reinigung unserer Seele ist notwendig, um unser wahres Leben zu erkennen und uns in Freiheit und Einheit mit allen Menschen, Wesen und Dingen zu vereinen.

Die Strahlung der Sonne ist Schwingung der Energie. Ebenso sind auch unsere Gedanken Schwingungen, die sich nach ehernen Gesetzen in uns widerspiegeln. Was wir im Inneren sind, das spiegelt sich im Äußeren wider. Die Gestalt unseres Körpers und unser Charakter zeigen, wer wir sind.

Keine Energie und keine Schwingung gehen verloren. Was wir aussenden an Positivem oder Negativem, kommt wieder auf uns zurück. Die Summe unserer Empfindungen, Gedanken, Worte und Werke bleibt so lange bestehen, bis wir die alles auflösende und heilende Erlöserkraft erwecken und uns von ihr leiten und führen lassen.

Das Gesetz beruht auf Anziehung: Gleiches zieht Gleiches an. Das Gesetz der Anziehung besagt, dass die Schwingungen unserer Gedanken mit gleichgesinnten Schwingungen anderer Seelen und Menschen verschmelzen, welche die Atmosphäre durchströmen oder von unseren Mitmenschen ausgehen. Das heißt, unser seelisches Kraftfeld zieht gleichgesinnte Seelen an, die sich wie Trabanten um unsere Seele scharen.

Auch die Gedanken unserer Mitmenschen, mit denen wir in Gleichklang stehen, umgeben uns und nehmen auf unser Gemüt Einfluss. Mit diesen Seelen und Menschen bleiben wir schicksalsmäßig verbunden und tragen – je nach unseren Gedanken und unserem Tun – für sie die Verantwortung für ihre Fortentwicklung und ihren geistigen Aufstieg. Wir sind so lange durch das karmische Band verbunden, bis wir aus dem Rad der Wiedergeburt gefunden haben; das heißt, die belasteten Seelen und Menschen bleiben mit jenen verbunden, denen sie einst Leid und Sorgen auferlegt haben, welche noch nicht getilgt sind.

Ohne die Beherrschung und Selbstbemeisterung unserer Sinne – ohne dass wir Christus einen Schritt entgegenkommen, indem wir an uns selbst arbeiten – kann auch die Gnade, die Liebe und Barmherzigkeit des inneren Christus uns nicht entgegenkommen, um unsere Seelen zu höherer Geistigkeit zu erheben, heraus aus der karmischen Verbundenheit.

Wir sollten in allem die göttliche Kraft, den göttlichen Willen erkennen, anerkennen und erfüllen. Der göttliche Wille ist erhaben und edel. Er verlangt von uns Selbstaufopferung durch Selbsterkenntnis und Veredelung unserer Gefühle und Sinne. Unser Eigenwille ist unser persönlicher Wille, er ist selbstsüchtig. Er dient uns nur zur Befriedigung unserer eigenen Bedürfnisse, zur Befriedigung unseres Körpers und seiner Begierden und Wünsche.

Dieses kleine, niedere Ich, unser Eigenwille, das wir Menschen so sehr pflegen und das uns die größten Leiden und Sorgen bringt, müssen wir bekämpfen, denn ohne Kampf gibt es keinen Sieg.

Haben wir unser kleines, niederes Ich, unseren Eigenwillen, besiegt, dann steigt immer mehr der höhere, der göttliche Wille empor und gibt uns Macht über das immer wieder aufsteigen wollende persönliche, niedere Ich und die Kraft, unseren Eigenwillen zu bekämpfen und die Seele aus ihrer Versklavung zu befreien. Sobald wir beginnen, unsere niedere Natur zu besiegen, drängt der göttliche Wille in uns zur Offenbarung.

Wir müssen um den Willen Gottes ringen, damit sich in uns das Göttliche vermehren und entfalten kann. Durch äußerste Disziplin reift sodann unsere Seele und gelangt von einer Stufe zur anderen.

Sie beginnt mit der Selbstbemeisterung auf der inneren Stufe der Ordnung, auf welcher der Mensch lernt, seine Empfindungen und Gedanken zu beherrschen, seine Worte zu zügeln und auch mit der ewigen Kraft hauszuhalten. Der Weg zur Vollendung setzt sich über den heiligen Willen, die Weisheit, den himmlischen Ernst und weiter über die Stufen der Geduld, Liebe und Barmherzigkeit fort. Es gilt also, unermüdlich an uns zu arbeiten, um die Freiheit unserer Seele und die Wiedervereinigung mit Gott, unserem ewigen Vater, zu erlangen.

Es ist eine siebenfache, stufenweise Entwicklung auf der Wanderung der Seele von der Finsternis zum Licht, vom Unbewussten zum Allbewusstsein, von der Knechtschaft und Gebundenheit zur Freiheit und zur All-Einheit, zum Schoße der Gottheit.

Zu allen Zeiten hat die himmlische Weisheit das Lehramt für die stufenweise Führung der Seele übernommen und ausgeübt. Der Innere Pfad mit seinen sieben Stufen – auch Stationen genannt –, auf dem jede Seele zu wandern hat, ist im Grunde nichts anderes als die urchristliche Schule der göttlichen Liebe und Weisheit.

Das Fortschreiten und Emporsteigen zum höheren Selbst ist einem Wechsel von Entsagung, Mutlosigkeit und dann wieder freudigem Aufrichten unterworfen. Kein Rückschritt oder Fall kann ewig dauern, weil es im Ewigen die beständige Evolution gibt. Wir alle müssen früher oder später das gemeinsame Ziel, Gott, erreichen.

Kein Mensch, auch keine Seele, einerlei, wo ihr momentaner Aufenthaltsort ist, können sich der Vergangenheit entziehen. Alle vergangenen Erlebnisse und Werke, die nicht gesühnt sind, wirken weiter in der Gegenwart und spinnen zugleich ein neues Lebensgewand, ein neues Schicksalsnetz, das uns mit den Menschen wieder zusammenführt, mit denen wir noch karmisch verbunden sind. So kann unser jetziges Schicksalsnetz unter Umständen – je nach unseren früheren Leben – aus unendlich vielen Fäden unserer vergangenen Erdenleben bestehen. Nur mit der Kraft des Christus ist es uns möglich, diese Fäden zu lösen und ganz aufzulösen, um die Reinheit und das Einssein mit Gott zu erlangen.

Wir haben unseren freien Willen und bestimmen dadurch selbst die Zeit unseres Weges von unten nach oben, vom schattenreichen Dasein in das lichte, ewige Reich. Wir bestimmen also, wie schnell wir den Weg zur Vollendung gehen. Ob wir ihn verkürzen oder verlängern, liegt ganz an uns.

Der geistige Fortschritt ist uns gegeben, der Rückschritt ist begrenzt. Jesus, der Christus, die Teilkraft der Urkraft, wirkte durch Seine Opfertat dem Rückschritt entgegen. Das heißt: Eine Auflösung unserer Seele ist durch das Liebeopfer des Sohnes Gottes nicht möglich. Seit Golgatha leuchtet uns der Erlöserfunke auf dem Pfad zum Leben und entwickelt sich in unserer Seele entsprechend unserem Opferwillen, alles hinzugeben, was menschlich ist.

Wir müssen unser Herz zu einem Gefäß für den heiligen Strom der all-ewigen Gnade Gottes bereiten.

Wer an Gottes Allweisheit und Allgerechtigkeit glaubt, wird Gott auch in Wahrheit und von ganzem Herzen lieben.

Es ist unsere Pflicht, uns im Gehorsam gegenüber Gott zu üben, uns Seinem Willen hinzugeben und ihn zu erfüllen.

Unser ganzes Leben muss von der reinigenden und erlösenden Kraft durchdrungen werden, damit wir auf dem Weg zum Leben sicher und erfolgreich voranschreiten können. Die von uns entwickelten, reinen Kräfte werden sodann heilbringend aus allen unseren Gefühlen, Gedanken, Worten, Wünschen, Taten und Blicken strömen. Das ist ein Zeichen des wahren Erleuchteten.

Wie die Sonne keinem Menschen ihre Strahlen vorenthält und keinem eine Begünstigung gewährt, so gibt es auch bei Gott keine Begünstigung oder Bevorzugung. Wir sind alle Seine Kinder, nur befindet sich jeder von uns auf einem anderen Bewusstseinsstand. Dadurch empfängt der eine mehr Strahlen göttlichen Lichtes, der andere, der sich durch ein gegensätzliches Leben noch auf einer niederen Stufe geistigen Bewusstseins befindet, weniger von diesen segensreichen Kräften. Deshalb erlebt jeder von uns die Führung des Allmächtigen anders.

Halten wir unser Herz rein und leer, dann wird sich der heilige Strom Gottes, die Kraft des Lebens, segensreich in uns verstärken.

Es ist gesetzwidrig, einen Menschen zur Annahme dieses oder jenes Glaubensbekenntnisses bekehren zu wollen. Es ist ebenfalls gegen das göttliche Gesetz der Freiheit und des uns von Gott gegebenen freien Willens, Menschen zu zwingen, das Heil ihrer Seele in einem bestimmten Glaubensbekenntnis zu suchen.

Wir haben die Aufgabe und die heilige Pflicht, unsere eigene Seele zu läutern und zu reinigen und den Pfad nach innen zu wandeln, denn der Geist Gottes wohnt in uns.

Gott gab und gibt Sein geistiges Brot gemäß der Zeit und der Entwicklung der Völker. Er reichte und reicht es in verschiedenen Facetten der Wahrheit. Den Menschen ist es freigestellt, ihren Durst mit jedem beliebigen Getränk zu stillen. Unserer Seele muss auch die Freiheit gelassen werden, ihre Sehnsucht nach Wahrheit und Liebe in dieser oder in jener Weise zu befriedigen. Wichtig ist, dass wir erkennen, dass wir frei geboren sind und unseren Glauben an Gott von allen Zwängen freihalten sollen.

Es ist unsere Pflicht, unser Inneres Licht, das Licht der Seele, zu nähren und uns von aller Falschheit, von Lug und Trug, von Hass, Neid, von Eitelkeit und Ehrgeiz, von Habgier, Raubsucht und allen anderen Lastern freizuhalten, ebenso auch von Zwängen aller Art.

Das Licht der Wahrheit kann auf die Dauer nicht unter dem Scheffel verborgen bleiben, sondern wird seine Umgebung erhellen und von seinem Dasein künden. Es wird die Aufmerksamkeit all derer auf sich ziehen, die sich nach dem Lichte sehnen. Aber auch die werden sich dem Lichte nähern, die es auslöschen wollen. Die Feinde des Lichtes fühlen sich gezwungen, das Licht der Wahrheit zu verfolgen und zu vernichten, weil dieses Licht ihre Falschheit und Lieblosigkeit bloßlegt und sie daran hindert, ihr dunkles Spiel weiter zu betreiben.

Wer das Licht der Wahrheit trägt, der sagt der Finsternis den Kampf an. Dieser Kampf ist unvermeidlich. Aber das Licht, das wir durch Opfermut und Opferwillen vermehren, schenkt uns Freiheit und Stärke. Es ist die erlösende Flamme, die uns auf dem Pfad zum Ewigen leuchtet.

Wenn wir den wahren Sinn der Erlösung begreifen und unser göttliches Ziel erkennen, dann sind wir auch fähig, unseren Mitmenschen die Weisungen des Lebens zu erläutern, die notwendig sind, um die Gerechtigkeit Gottes zu erfassen und zu erkennen.

Wenige Menschen wissen, dass sie selbst ihr Leid, Elend und ihre Not geschaffen haben. Sie wissen auch nicht, dass in ihnen die Kraft liegt, ihre Sünden zu erkennen und zu bereuen. Sie wissen nicht, dass die Schuld durch Christus nur getilgt werden kann, wenn wir entsprechende Reue üben und uns vornehmen, nicht mehr zu sündigen.

Nach dem Gesetz Gottes können wir nur die Seligkeit und die Vollendung erlangen, wenn wir gegenüber unserem Nächsten pflichtbewusst gelebt und gehandelt haben und die von Gott erhaltenen Früchte auch weitergeben. Das ist jedoch nur dann möglich, wenn wir zuerst selbst die Früchte des Lebens vorzeigen können.

Die Gaben des Lebens sind für alle Menschen und Wesen. Deshalb wird es einst der Eremit schwer haben, wenn er im jenseitigen Reich erkennt, was er durch seine Zurückgezogenheit und durch sein Eigenleben versäumt hat und nun nachholen muss.

Uns obliegt die Pflicht, für unseren Nächsten tätig zu werden, sobald wir Schritte auf dem Weg zur göttlichen Wahrheit getan haben. Wir dürfen uns nicht zurückziehen, indem wir nur an uns und unsere Seele denken. Würde sich die Allkraft zurückziehen und für einen Augenblick ausruhen, was würde aus uns allen und aus dem Universum werden?

Es ist der Christus Gottes, der alle Tage bei uns ist und der durch uns unsere Aufgaben meistert. Christus, unser innerer Erlöser, sehnt sich mehr nach uns, als wir uns nach Ihm sehnen. Er pocht jeden Augenblick an die Türe unseres Herzens und bittet um Einlass. Er bittet uns, von uns anerkannt, an- und aufgenommen zu werden. Er reicht uns jeden Augenblick Seine Hand und möchte uns vom Abgrund unseres niederen Denkens und Handelns zurückziehen. Wir müssen lernen, Ihn zu empfinden, zu erleben und mit Ihm eins zu werden.

Wie oft fragen wir: Wo bleibt unser Erlöser, warum hilft Er uns nicht, und warum errettet Er uns nicht von Leid und Not?

Wir haben durch unsere Begierden und Sünden die innere Kraft, unseren Erlöser, an Ketten gelegt. Wie kann Er sich uns offenbaren und uns helfen und dienen, wenn unser Herz zu einem Sündenpfuhl von unsauberen Gefühlen wie Hass, Neid, Ehrgeiz, Eitelkeit und vielem mehr geworden ist? Wie oft verkennen und verleugnen wir unseren Erlöser durch unseren Ungehorsam, indem wir gegen das Gebot der göttlichen Liebe verstoßen? Wir weisen Seine Mahnungen und Seine Führung zurück. Dann aber klagen wir und fragen: Weshalb kommt unser Erlöser nicht, uns zu retten?

Wie können wir von Dem, den wir durch unser falsches Verhalten gefangen halten, erwarten, dass Er uns von unseren Leiden befreit? Wir sind es, die Ihn täglich kreuzigen durch unsere gottwidrigen Gedanken, Worte und Werke.

Erst wenn wir das Innere Licht befreien, indem wir unsere Leidenschaften und Laster in Ketten legen, werden wir die erlösende Kraft spüren. Jede unedle Handlung, die wir verüben, fügt aber der Kette einen neuen Ring hinzu, mit welcher die innere Kraft, die erlösende Liebe, gefesselt wird. Jedes unschöne, gottwidrige Wort, Hass, Verleumdung, Habgier, Feindschaft, Gehässigkeit, Neid, Besitzenwollen und vieles andere mehr schließt die Verkettung fester und bindet die innere Kraft noch mehr. Die Geräusche unserer unlauteren Empfindungen, Gedanken und Gefühle, unserer unharmonischen Gesten, hindern uns, Ihn wahrzunehmen.

Keiner kann uns erlösen, nur der gekreuzigte Christus, der in uns auferstehen möchte. Wer sich nicht bemüht und anstrengt, seine Gegensätzlichkeiten zu bekämpfen und zu besiegen, der ist noch unfrei. Seine Seele kann in diesem Leben noch nicht die Auferstehung in das ewige, hehre Licht erlangen.

Als Ebenbildern Gottes ist es uns gesetzmäßig gegeben, alle Geschöpfe, alle Menschen und Wesen innig und göttlich zu lieben. Wenn diese große Liebe in unserer Seele zur Offenbarung kommt, dann werden unsere Gedanken und Worte schöpferisch, erlösend und versöhnend. Die negativen Schwingungen der Menschen werden sodann keinen Einfluss mehr auf unsere Herzen haben. Sie werden durch die Kraft der göttlichen Liebe in heilsame Kräfte umgewandelt.

Der wahre Weise schließt alle Menschen und Wesen, alles Sein, in seine Liebe ein, die sich mit der All-Liebe täglich mehr vereint. Er erwartet keine Gegenliebe und auch keine Anerkennung. Nur auf diese Weise kann der Mensch seine heilvolle Aufgabe erfüllen. Diese wird sein Leben mit Frieden und Harmonie beseelen und seine Seele und sein Herz zur wahren Geburtsstätte der inneren, ewigen Quelle machen.

Erst wenn unsere Seele im Geiste der Wahrheit erwacht und von der Sehnsucht nach Gott, ihrem Vater, erglüht, wird sie in ihrem Nächsten das noch verborgene Feuer der Sehnsucht nach Erlösung, Befreiung und Wahrheit entfachen.

Der wahre Friede ist der Lohn für denjenigen, der seine niedere Natur mit der Kraft des Geistes, mit Christus, bekämpft hat. Deshalb müssen wir in unser Herz eingravieren: Opfermut und unaufhörliches Ringen mit unserer gegensätzlichen Natur, bis wir den Sieg errungen haben.

So viel Frieden und Harmonie, wie wir spenden, so viel und noch mehr fällt in unser Herz, in unsere Seele, zurück.

Alle Menschen, Wesen und Dinge umschließt das Band der Liebe und Einheit. Daher wünsche ich allen Menschen und Wesen Heil, Segen und Frieden, die innere Erleuchtung und die Einswerdung mit der ewigen Wahrheit.

Friede!

# *Weitere Bücher*

*Allein in Partnerschaft und Ehe?*
*Allein im Alter?*
*Leben in der Einheit!*

*Du bist nicht allein*
*GOTT ist mit Dir*

Was braucht man zum Glücklichsein? Gutes Auskommen, ein behagliches Zuhause – und natürlich „den Richtigen" oder „die Richtige" an der Seite – so die verbreitete Vorstellung von Glück. Doch in der Realität entpuppt sich der süße Traum nicht selten als Illusion – „ich bin zu zweit und doch allein", hört man oft. Also lieber Single bleiben?

Gabriele zeigt auf, warum dem Menschen das Ziel seiner Hoffnung in dieser Welt immer wieder entgleitet: Die Wurzeln seiner Sehnsucht liegen tiefer.

Mit einfachen Übungen und mit vielen lebensnahen Hinweisen ermutigt sie uns, zum wahren, bewussten Leben zu finden, das uns Glück, Zufriedenheit und Frieden in uns selbst und mit dem Nächsten schenkt.

Gebunden: 224 S., Best.-Nr. S 367. ISBN 978-3-96446-380-7
Auch als E-Book erhältlich.

*Viel, viel Leben*

*Wir sind nur Gast auf Erden. Älter werden oder alt sein?*

„War das etwa alles?“ Das fragen sich viele Menschen, besonders in fortgeschrittenem Alter. Aber auch junge Menschen bewegt die Frage: „Wie kann ich mit meinem Dasein etwas Sinnvolles anfangen?“ Vom bloßen Dasein zu einem erfüllten Leben, das auch für andere ein Gewinn ist – das ist der Schritt, den uns Gabriele in diesem Buch aufzeigt.

Viel, viel Leben – wer fühlt sich nicht angezogen von der Aussicht auf ein erfülltes, zufriedenes Leben? „Schön wäre es“, denkt so mancher, „mir hat das Leben bisher mehr Mühsal und Beschwerden gebracht“. Aber ist dies ein Grund zu verzagen?

Gabriele erklärt uns, wie wir unser Erdenleben nutzen können, um zu viel, viel Leben zu finden. Wir erfahren, was Leben wirklich bedeutet und dass wir es selbst in der Hand haben, unser Leben zu gestalten. Wer sich schon in der Jugend oder in der Mitte des Lebens ein höheres Lebensziel vorgibt, der wird auch bis ins hohe Alter geistig rege bleiben und zwar älter werden, aber nicht alt sein.

Gebunden: 120 S., Best.-Nr. S 375. ISBN 978-3-96446-294-7
Taschenbuch: 112 S., Best.-Nr. S 375TB. ISBN 978-3-96446-309-8
Auch als E-Book erhältlich.

Gerne übersenden wir Ihnen unser aktuelles Buchverzeichnis sowie Gratis-Leseproben zu vielen Themen.

Gabriele-Verlag Das Wort
Max-Braun-Str. 2, 97828 Marktheidenfeld
Deutschland
Tel. 0049 (0)9391/504-135, Fax -133
www.gabriele-verlag.com